¡Nos vemos!

Paso a paso 2

Libro del alumno A1.2

Eva María Lloret Ivorra
Rosa Ribas
Bibiana Wiener
Margarita Görrissen
Marianne Häuptle-Barceló
Pilar Pérez Cañizares

¡Nos vemos! Paso a paso 2

A1.2

Autoras
Eva María Lloret Ivorra
Rosa Ribas
Bibiana Wiener
Margarita Görrissen
Marianne Häuptle-Barceló
Pilar Pérez Cañizares
Asesoría y revisión
Antonio Béjar, José Ramón Rodríguez
Coordinación editorial y redacción
Mónica Cociña, Pablo Garrido, Dr. Susanne Schauf, Beate Strauß
Diseño y dirección de arte
Óscar García Ortega, Luis Luján
Maquetación
Luis Luján
Documentación
Andrea Fiumara, Olga Mias
Ilustración
Jani Spennhoff, Barcelona

Fotografías
Cubierta Getty Images **Unidad 1** pág. 6 Mediterránea Detalles y Regalos S.A.; pág. 8 Olga Lyubkina/Istockphoto, jerryhat/Istockphoto, Andres Peiro Palmer/Istockphoto, Syagci/Istockphoto, Ilker Canikligil/Istockphoto, Klaudia Steiner/Istockphoto, Tschon/Istockphoto, Vyacheslav Anyakin/Istockphoto, Juanmonino/Istockphoto, Subjug/Istockphoto, YinYang/Istockphoto, Elena Schweitzer/Istockphoto, Marc Harrold/Istockphoto, Denis Gagarin/Istockphoto, Stefano Tiraboschi/Istockphoto, Stefano Tiraboschi/Istockphoto, Elena Schweitzer/Istockphoto, MARIA TOUTOUDAKI/Istockphoto; pág. 9 Ove Tøpfer/SXC; pág. 11 Javi Vte Rejas/Flickr, okate366/Flickr, Boca Dorada/Flickr, Javier Lastras/Flickr, Javier Lastras/Flickr, Javier Lastras/Flickr, Juan Pablo Olmo/Flickr, Marijn de Vries Hoogerwerff/Flickr; pág. 12 Nossirom/sxc, Juan Fernandez/Flickr, Grapa/Flickr, Matías Garabedian/Flickr, Ricardo Martins/Flickr; pág. 13 V. Abreu; pág. 15 Arvind Grover/Flickr, Ardyiii/Flickr, Carlos Adampol/Flickr, Arvind Grover/Flickr, Mat Honan/Flickr, Bibiana Wiener; **Unidad 2** pág. 16 Klett-Archiv, Neil Beer/Getty Images, Francisco Javier Alcerreca Gomez/Istockphoto, Terence Mendoza/Istockphoto, Klett-Archiv; pág. 18 Austin Evan/Flickr, Juanmonino/Istockphoto, son of groucho/Flickr, Cenk Unver/Istockphoto, Brytta/Istockphoto; pág. 19 Mladen Mladenov/Istockphoto, Warwick Lister-Kaye/Istockphoto, Olivier Blondeau/Istockphoto, Oscar Calero/Istockphoto, Rich Harris/Istockphoto, Alexandra Draghici/Istockphoto, Sami Suni/Istockphoto, Susanne Schauf/Klett; pág. 21 GÛmez, Helma/Klett; pág. 22 Carlos Felipe Pardo/Flickr; pág. 23 Christopher Bazeley/Istockphoto, Klett-Archiv; pág. 25 Jean Baptiste Lacroix/Getty Images, Amaianos/Flickr, GÛmez, Helma/klett, laloking97/Flickr; pág. 26 Luis Angerich/Flickr, Marga Carrió/Flickr, Hywell Martinez/Flickr, Cayetano/Flickr, Piutus/Flickr, Cayetano/Flickr; pág. 28 harryfn/Istockphoto, Nick Stubbs/Istockphoto, Klett-Archiv; pág. 29 Antonio Fiol/Flickr; pág. 31 Anna 7/Flickr; pág. 32 Brian Snelson/Flickr, Todd Nienkerk/Flickr; pág. 34 Bracketing Life/Flickr; pág. 35 Denise Chan/Flickr, Yamil Salinas/Flickr, Marcio Ramalho/Flickr, Mikko Koponen/Flickr, Klett-Archiv; **CUADERNO DE EJERCICIOS Unidad 1** pág. 44 Ivan Bajic/Istockphoto, Andrew Johnson/Istockphoto; pág. 45 lillisphotography/Istockphoto; Bettina Aumann/Klett; pág. 46 Nicolas Loran/Istockphoto; **Unidad 2** pág. 49 Noah Easterly/Flickr; pág. 53 Generalitat Valenciana, Conselleria de Turisme; **Unidad 3** pág. 56 Mario Carvajal/Flickr, pág. 57 Brasil2/Istockphoto; pág. 58 Rachel Dewis/Istockphoto; pág. 59 Keith Levit/Istockphoto; pág. 60 neiljs/Flickr, blackred/Istockphoto.

Audiciones
Estudio de grabación Tonstudio Bauer GmbH, Ludwigsburg y Difusión. **Locutores** Bibiana Abelló, José María Bazán, Mónica Cociña, Grizel Delgado, Carlos Fernández, Miguel Freire, Pablo Garrido, Helma Gómez, Pilar Klewin, Eva Llorens, Lucía Palacios, Ernesto Palaoro, Carmen de las Peñas, Pilar Rolfs, Verónica Romero, Roberto Sánchez **Música** Difusión **Ambientes** dobroide, inthecad, Tim Kahn, pagancow, Regenpak, partymix.

Agradecimientos
Bibiana Abelló, Barbara Ceruti, Agustín Garmendia, Eva Llorens, Edith Moreno, Laia Sant, Sergio Troitiño, Pol Wagner.

Agradecemos especialmente la colaboración en la sección Panamericana de Víctor Aguilar, Helma Gómez, Evelyn Guzmán, Matilde Guzmán, Héctor Inca, Hortensia Malfitani, Hilda Mateo y Pilar Rolfs.

ISBN: 978-84-8443-800-7
Depósito legal: B 12250-2011
Impreso en España por Servinform
Reimpresión: junio 2019

MIXTO
Papel procedente de fuentes responsables
FSC® C117853

Índice

1 Es la hora de comer 6

Recursos comunicativos y situaciones
- Comprar alimentos
- Cantidades y envases
- Hablar de preferencias
- Referirse a una cosa mencionada
- Pedir en un bar
- Preguntar por un plato
- La hora y el momento del día

Dosier: La carta

Gramática
- Verbos con cambio vocálico **e** → **ie** (**querer**, **preferir**)
- Adverbios de frecuencia (**todos los días**, **pocas veces**, **nunca**...)
- Los números a partir de 100
- Los pronombres de objeto directo
- **se** + 3ª persona (**se** impersonal)
- Verbos con cambio vocálico **o** → **ue** (**poder**, **probar**)

Cultura
- La cesta de Navidad
- Productos (*turrón*, *tapas*)
- Bares españoles (compartir las tapas, no sentarse en mesas de desconocidos, compartir la cuenta)
- Las horas de las comidas

Panamericana: Nicaragua, Costa Rica, Panamá

2 Por la ciudad 16

Recursos comunicativos y situaciones
- Describir una ciudad
- Preguntar y decir dónde se encuentra algo
- Pedir información en la oficina de turismo
- Indicar el camino con medios de transporte y a pie
- Algunas tiendas
- Los días de la semana

Dosier: Un recorrido turístico

Gramática
- El uso de **hay** y **está/n**
- El presente de **ir**
- Preposiciones de lugar
- Verbos con cambio vocálico **e** → **i** (**pedir**, **seguir**)
- **tener que** + infinitivo

Cultura
- Sevilla
- Bogotá
- El Transmilenio
- El Museo del Oro

Panamericana: Colombia

3 El placer de viajar 26

Recursos comunicativos y situaciones
- Reservar una habitación en un hotel
- Pedir información
- Expresar preferencias
- Expresar acuerdo y desacuerdo
- Escribir una postal
- Hablar de experiencias
- Hacer una reclamación, quejarse
- Disculparse y reaccionar

Dosier: Una postal

Gramática
- Verbos irregulares en la 1ª persona (**hago**, **pongo**...)
- **también**, **tampoco**
- Los pronombres de objeto indirecto
- El perfecto
- Participios irregulares
- El uso de **muy** y **mucho**

Cultura
- Mallorca
- Cuba
- Una queja formal

Panamericana: Ecuador

4 Mirador 36

- Similitudes y diferencias culturales
- Autoevaluación teórica y práctica
- Aprender a estudiar: trabajo con vocabulario, comprensión auditiva, terapia de errores
- Hablar y jugar

Estructura de ¡Nos vemos!

¡Nos vemos! Paso a paso es un manual para descubrir el mundo de habla hispana y aprender a comunicarse en muchas situaciones de la vida cotidiana. En un mismo libro se ofrecen el Libro del alumno y el Cuadeno de ejercicios.

Cada unidad del Libro del alumno tiene la siguiente estructura:

Una página doble de **portadilla** presenta los objetivos, activa los conocimientos previos e introduce el tema de la unidad.

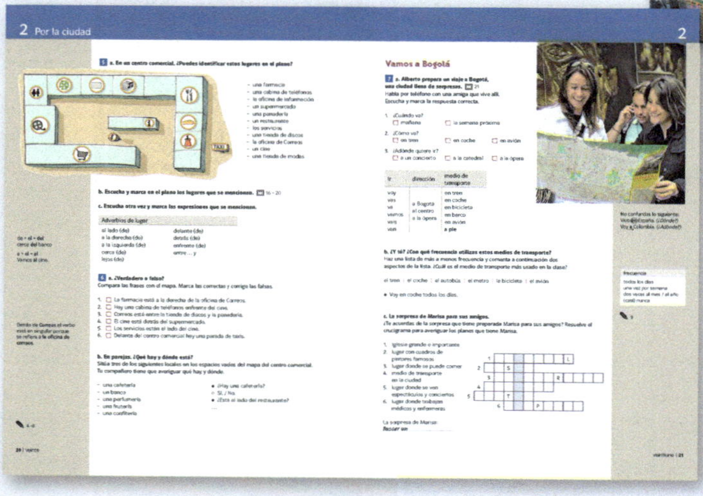

Tres páginas dobles forman el corazón de la unidad. Contienen textos vivos e informativos para familiarizarse con el idioma y actividades para aplicar de inmediato lo aprendido.

Una **tarea final** servirá para convertir los conocimientos adquiridos en algo práctico para la vida real. Junto con sus compañeros, el estudiante elaborará un "producto" que podrá guardar en el dosier de su portfolio.

¿Qué me llevo de esta etapa? es una sección ideada para dar cabida a las necesidades personales del alumno. Aquí reflexionará sobre los aspectos de la unidad necesarios para él, conocerá las estrategias que ha usado consciente o inconscientemente y encontrará consejos que le facilitarán el aprendizaje.

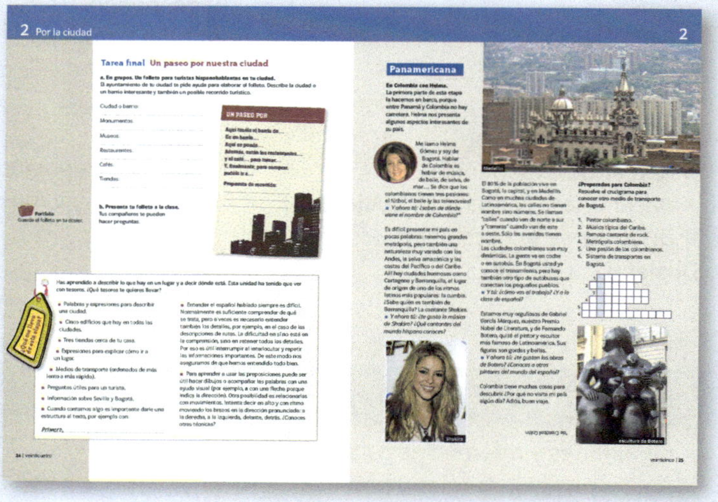

En el apartado **Panamericana**, toma la palabra una persona que habla de su propio país. De esta manera, a lo largo del manual se realiza un interesante recorrido cultural por toda Latinoamérica.

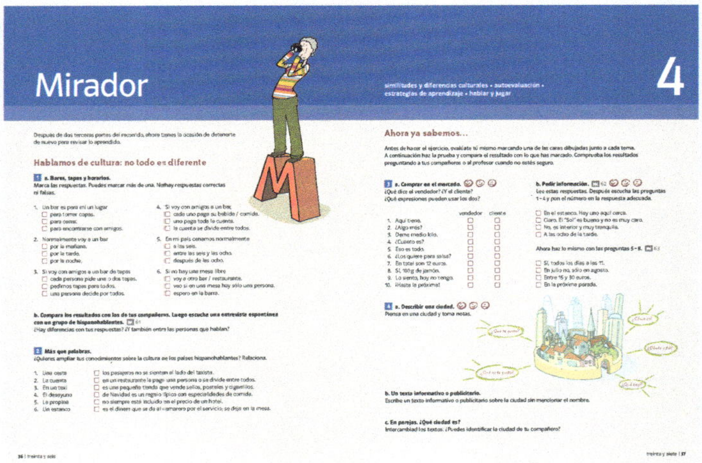

Cada libro se cierra con una **unidad de revisión**, llamada **Mirador**, en la que se ofrece una vista global sobre todos los conocimientos lingüísticos y culturales adquiridos. Además, estas unidades de repaso permiten experimentar con las estrategias de aprendizaje y tratar los errores. Al final, el propio estudiante elaborará un juego para repetir la materia.

Estructura del Cuaderno de ejercicios

Las unidades del Cuaderno de ejercicios proporcionan:

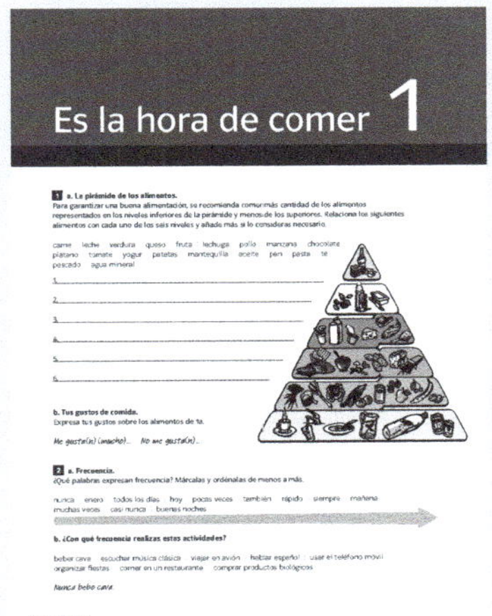

Numerosas actividades para consolidar el vocabulario y la gramática vistos en el Libro del alumno.

Una actividad orientada al español de los negocios con carácter opcional en la sección **Mundo profesional**.

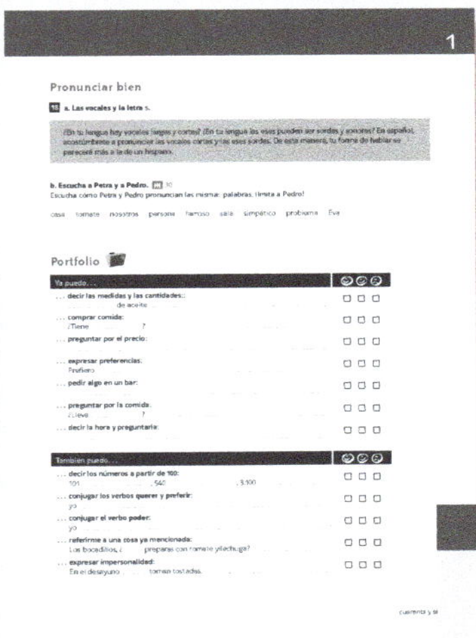

Una **sección dedicada a la fonética (Pronunciar bien)** en la que se dan consejos relacionados con ciertas características de la pronunciación del español. El estudiante reflexiona y practica.

Un apartado (**Portfolio**) en el que el estudiante tendrá ocasión de **autoevaluar su progreso**.

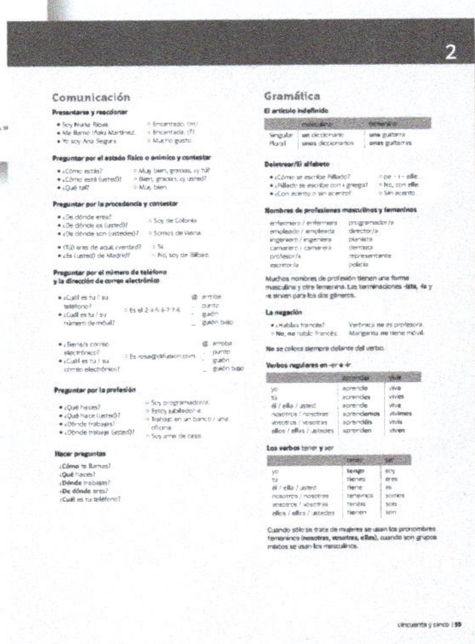

Un **resumen gramatical** en el que se recogen los **recursos lingüísticos** de cada unidad.

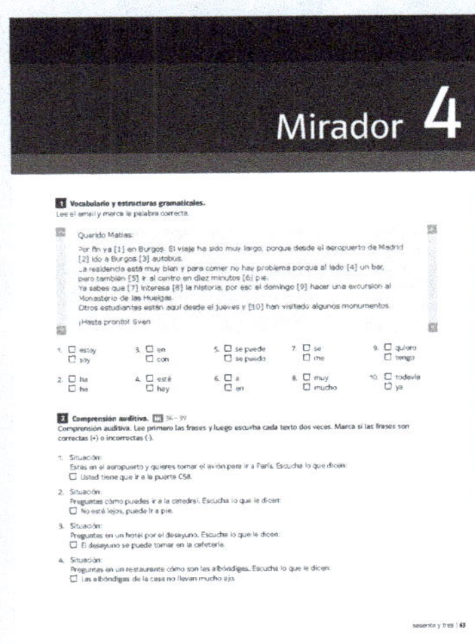

Como en el Libro del alumno, cada **Mirador** sirve para hacer un alto en el camino y **comprobar los conocimientos adquiridos mediante tests**.

Símbolos utilizados en el libro:

- audiciones del libro junto con los números de las pistas
- ejercicio adicional en el Cuaderno de ejercicios
- actividad que implica ir por la clase y preguntar a varios compañeros

Es la hora de comer

comprar alimentos • medidas, pesos y precios • pedir algo en un bar • preguntar por la comida • la hora • expresar preferencias • los números a partir de 100

1

1 **a. ¿Se regalan cestas de navidad en tu país? ¿En qué contextos?**
¿Se hacen otros regalos en ámbitos profesionales?

b. Productos y envases.
¿Qué sabes de las siguientes palabras? Márcalo.

	Es un producto	Es un envase	Es de origen vegetal	Es de origen animal	Es dulce	Es salado
botella	☐	☐	☐	☐	☐	☐
vino	☐	☐	☐	☐	☐	☐
aceite	☐	☐	☐	☐	☐	☐
queso	☐	☐	☐	☐	☐	☐
cava	☐	☐	☐	☐	☐	☐
caja	☐	☐	☐	☐	☐	☐
jamón	☐	☐	☐	☐	☐	☐
lata	☐	☐	☐	☐	☐	☐
espárrago	☐	☐	☐	☐	☐	☐
turrón	☐	☐	☐	☐	☐	☐

c. ¿Qué productos de la cesta te gustan? ¿Cuáles no?

- Me gusta el jamón, pero no me gusta el chorizo.

CESTA 6 **Ref. 00100196 314€**

1 jamón de 5 kg
2 chorizos
1 queso Gran Capitán
2 botellas de cava
2 botellas de vino tinto
1 botella de vino blanco
2 tabletas de turrón
1 caja de bombones TRAPA
1 lata de aceite de oliva 1881
1 lata de espárragos

Regalar cestas a clientes o empleados es una costumbre típica de Navidad. Las cestas tienen productos que normalmente se comen en esas fiestas.

¿Qué comes?

2 a. ¿Cómo se llaman estos productos? Pregunta a tu profesor.
Identifica los alimentos marcándolos con el número correspondiente. Haz una lista en tu cuaderno de cuáles puede comer un vegetariano. A continuación cada uno de vosotros lee un producto de su lista. ¡No vale repetir!

1. agua
2. aceite
3. carne
4. huevos
5. leche
6. lechuga
7. limón
8. mantequilla
9. manzana
10. pan
11. pasta
12. patatas
13. pescado
14. plátano
15. pollo
16. queso
17. yogur

frecuencia
todos los días muchas veces pocas veces casi nunca nunca

Atención:
Nunca como carne.
No como carne **nunca**.

b. En parejas. ¿Con qué frecuencia comes o bebes estos productos?

- Como fruta todos los días. Nunca bebo leche.

3 De estos productos, ¿cuántos compras tú en una semana?
Haz una lista y léesela a tu compañero. ¿Qué es lo que más se consume?

leche | mantequilla | patatas | tomates | queso | carne | pan | café | agua

✎ 1–4

cantidades y envases	
1 kg = un kilo de…	un paquete de…
½ kg = medio kilo de…	una botella de…
1½ kg = un kilo y medio de…	una lata de…
100 g = cien gramos de…	una caja de…
1 l = un litro de…	
½ l = medio litro de…	un poco de…

3 kilos de patatas
…

Entre la cantidad o el envase y el contenido va siempre la preposición **de**:
un kilo **de** manzanas
una botella **de** agua

En un mercado

4 **a. Escucha el diálogo. ¿Qué productos compra el cliente?** ⏭ 1

b. Escucha otra vez y marca todos los alimentos.

- • Hola, buenos días. Quería un kilo de tomates.
- o ¿Tomates para ensalada o para salsa?
- • Para salsa, para salsa.
- o Muy bien. Un kilo de tomates.
- • Y quería fruta también.
- o Pues hoy tengo manzanas y mandarinas muy buenas.
- • Uy, mandarinas, no. Prefiero las manzanas. ¿Cuánto cuesta el kilo?
- o Dos euros. ¿Cuánto quiere?
- • Un kilo y medio.
- o Aquí tiene. ¿Algo más?
- • ¿Tiene mangos?
- o No, lo siento. Hoy no tengo.
- • Mmm... Entonces deme un melón, por favor.
- o Un melón. Muy bien, ¿algo más?
- • No, gracias. Eso es todo. ¿Cuánto es?
- o Son 1,90 los tomates; 3 euros las manzanas; 1,50 el melón… En total son 6,40.
- • 6,40. Aquí tiene.
- o Muchas gracias.

c. En parejas. Leed el diálogo en voz alta.

d. Completa las frases del cliente.
Después compara las peculiaridades y las terminaciones de **querer** y **preferir**. ¿Qué es igual y qué diferente?

vendedor	cliente
¿Cuánto quiere?	.... un kilo de tomates.
¿Algo más?	.... un melón, por favor.
Aquí tiene.	¿Tiene mangos?
Lo siento, hoy no tengo.	Eso es todo.
Son 6,40 euros.	¿Cuánto es (en total)?

querer	preferir
qu**ie**ro	pref**ie**ro
qu**ie**res	pref**ie**res
qu**ie**re	pref**ie**re
queremos	preferimos
queréis	preferís
qu**ie**ren	pref**ie**ren

Quería es la forma de cortesía de **querer**.

5 **Bocadillos para todos los gustos.**
Haz tres bocadillos a tu gusto y compáralos con los de tus compañeros.

Mi bocadillo tiene mantequilla, atún, un poco de lechuga…

✎ 5, 6

6 En parejas. ¿Tú qué prefieres?
Subraya lo que prefieres. Después haz preguntas como en el ejemplo. ¿En cuántas preferencias coincidís?

- el vino blanco o tinto
- la cerveza con o sin alcohol
- el agua con o sin gas
- el aceite o la mantequilla
- el zumo de naranja o de manzana

● ¿Prefieres el vino blanco o tinto?
○ Blanco, ¿y tú?
● Yo también. / Yo, tinto.

7 Una cesta para un compañero.
Escribe tu nombre en una hoja. Se recogen todas las hojas y se vuelven a repartir. Tienes que regalarle una cesta al compañero que te ha tocado. Anota los alimentos que meterás en la cesta (máximo 7) y entrega el "regalo". ¿Conoce todos los productos? ¿Le gustan todos?

Cuando se entrega un regalo se puede decir **Esto es para ti / Esto es para usted**.

Números

8 a. Completa con los números que faltan.

100	cien	500	**quin**ientos	2.000	dos mil
101	ciento uno	600	seiscientos	10.000	....
102	ciento dos	700	s**e**tecientos	10.100	diez mil cien
200	doscientos	800	....	30.000	....
300	....	900	n**o**vecientos	100.000	cien mil
400	....	1.000	mil	1.000.000	un millón

- La **y** sólo va entre decenas y unidades: ciento setenta **y** siete.
- Las centenas tienen terminación masculina y femenina: doscient**os** gramos/ doscient**as** botellas

b. Una cadena con números.
Di un número del 1 al 100. Tu compañero dice el número añadiendo un cero y propone otro de dos cifras.

● Treinta y seis.
○ Trescientos sesenta. Veinticinco.
■ Doscientos cincuenta…

9 En parejas. En el supermercado.
Compra dos productos en el supermercado. Tu compañero calcula el precio.

● Quería una botella de vino.
○ ¿Algo más?
● Sí, una lata de sardinas. Eso es todo. ¿Cuánto es?
○ Son cinco euros con treinta.

OFERTAS

un litro de leche	1 €
una botella de vino	3,50 €
250 g de jamón	4,20 €
una lata de sardinas	1,80 €
½ l de aceite	3,50 €
½ kg de tomates	2,50 €
1,5 kg de manzanas	3,20 €
un paquete de mantequilla	1,80 €

✎ 7, 8

pollo al ajillo

tortilla

albóndigas

gambas a la plancha

calamares a la romana

sardinas fritas

aceitunas

jamón serrano

¿Probamos las tapas?

10 a. Escucha el diálogo y marca las tapas que piden. ⏭ 2

b. Escucha otra vez y lee el texto.
Escucha otra vez y lee el texto. Subraya las expresiones para pedir algo y para pedir información sobre la comida.

- ● Aquí tienen tapas muy ricas. A ver… hoy tienen gambas, patatas bravas…
- ○ ¿Patatas bravas? ¿Y qué es eso? ¿Lleva ajo?
- ● Son patatas con una salsa que lleva mayonesa, ketchup y tabasco.
- ○ Ah no, no puedo comer mayonesa, pero las gambas me gustan mucho.
- ● Pues tomamos gambas, jamón serrano y… ¿Probamos las albóndigas?
- ○ ¿Albóndigas? ¿Son picantes?
- ● No, no, qué va.
- ■ Hola. ¿Qué quieren?
- ● Una ración de gambas, una de albóndigas…
- ○ … y una de jamón serrano.
- ■ Enseguida. Y para beber, ¿qué quieren?
- ● No sé… Podemos probar el vino tinto de la casa, ¿no?
- ○ Ah no, no puedo tomar alcohol. Un agua mineral, por favor.
- ● Pues para mí, un tinto de la casa.
- ■ Enseguida.

…

- ■ Aquí tienen.
- ○ Muchas gracias.

…

- ● ¿Y qué tal? ¿Te gustan las albóndigas?
- ○ Mmmm, muy ricas, ¡deliciosas!

…

- ● ¿Pagamos?
- ○ Sí, pero hoy pago yo.

Cada tapa no suele tener mucha cantidad de comida. Es frecuente que un grupo de personas pida varias y las comparta.

Para pagar, si estamos en grupo dos de las opciones pueden ser: una persona invita y paga la cuenta o se paga a escote (se divide el total a pagar en partes iguales).

c. Completa con expresiones para pedir información y las formas del verbo poder.

pedir (algo)	pedir información sobre la comida
● ¿Qué quieren?	¿……………………………………?
○ Una (ración) de…	¿Qué lleva?
○ (Yo) una cerveza.	¿Lleva ……………… / mayonesa?
○ Un agua mineral, por favor.	¿……………………………………?
○ Para mí, un tinto de la casa.	¿Se come caliente / frío?

poder
………………
puedes
puede
………………
podéis
pueden

✎ 9, 10

11 **a. ¿A qué producto se refieren las siguientes frases? Relaciona.**

- ☐ ¿Las quiere negras o verdes?
- ☐ ¿Los quiere a la plancha o a la romana?
- ☐ ¿La quiere caliente o fría?
- ☐ No lo quiero con leche, lo quiero con limón.
- ☐ ¿Las quiere fritas o a la plancha?

1 2 3 4 5

b. Completa.
¿Qué te ha ayudado a relacionar las imágenes con las frases? ¿Eres capaz de completar la tabla con los pronombres de objeto directo?

Pronombres de objeto directo			
Quiero	un té.	¿....................	quiere con limón?
	una tortilla.	¿....................	quiere caliente o fría?
	calamares.	¿....................	quiere a la romana?
	aceitunas.	¿....................	quiere verdes o negras?

Se usa **lo, la, los, las** para referirse a un objeto ya mencionado. En la negación estos pronombres están entre el **no** y el verbo: No **lo** quiero con leche.

12 **¿De qué objetos se habla?**
Escribe el número y completa con el pronombre.

- ☐ *La*........... necesitamos para beber vino.
- ☐ .... uso para comer sopa.
- ☐ .... prefiero fritas.
- ☐ .... uso para cortar la carne.
- ☐ .... preparo con salsa de tomate.
- ☐ .... usamos para beber agua.

1. los espaguetis | 2. la cuchara | 3. las sardinas | 4. el cuchillo |
5. el vaso | 6. la copa | 7. las servilletas | 8. el tenedor

13 **El mapa de mis gustos.**
Elabora en tu cuaderno un mapa con tus gustos. Anota los alimentos según el grado de preferencia y la frecuencia. Compáralo con el de un compañero.

- Me gusta la pasta y la como muchas veces. Nunca como pescado porque no me gusta.

✎ 11 - 13

Los bares en España

14 a. Un día en el bar Jamón jamón.
Antes de escuchar una entrevista al dueño del bar, ¿qué opción crees que es más acertada en cada caso? Márcalo a continuación.

Por la mañana el bar abre	☐ a las 6.30.	☐ a las 8.
En el desayuno se toman	☐ tostadas.	☐ bocadillos.
Se almuerza	☐ entre la 1 y las 2.	☐ entre las 2 y 2.30.
Al mediodía se puede comer	☐ un menú barato.	☐ sólo un bocadillo.
El bar está abierto	☐ todo el día.	☐ por la tarde.
Se cena	☐ a las 8.30.	☐ entre las 8 y las 11.
Muchos clientes son	☐ estudiantes.	☐ turistas.
No es usual	☐ sentarse con otros.	☐ ver la tele.

se + 3ª persona

En un bar **se toma** café.
También **se comen** tapas.
En este bar **se puede comer un menú** barato.
En este bar **se pueden comer bocadillos** de muchos tipos.

✎ 14

b. Escucha ahora la entrevista y compara con tus respuestas. ⏭ 3
¿Te has fijado en lo que significa **se** + verbo y cuándo se usa el verbo en singular o en plural?

15 a. ¿Qué hora es?
Dibuja la hora. ¿Cómo se dice en español?

la hora	
• ¿Qué hora es?	○ Es la una y media. ○ Son las tres y veinte. ○ Son las seis menos diez.
• ¿A qué hora cenas?	○ A las ocho y media. ○ Entre las ocho y las nueve.

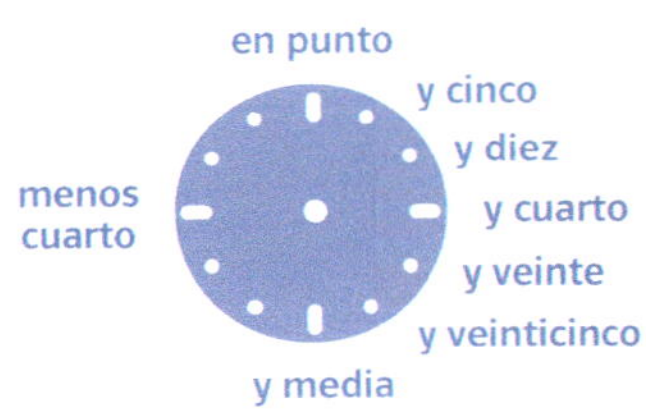

b. Escucha y relaciona con los diálogos. ⏭ 4–9

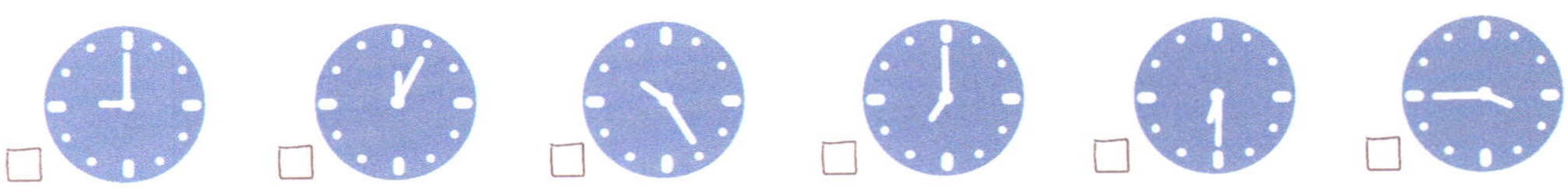

c. Pregunta a tres compañeros a qué hora desayunan, almuerzan y cenan.

• ¿A qué hora cenas?
○ A las siete y media, ¿y tú?

16 Mi bar preferido.
Escribe un texto breve sobre tu local preferido (lugar, horario, clientes). ¿Qué se puede hacer allí?

desayunar | tomar un aperitivo | comer un menú | comer bocadillos | fumar | ver la tele | tomar un café | leer el periódico

Mi bar / café / restaurante preferido se llama... y está en... Abre a las... Se puede...

✎ 15–18

Tarea final Especialidades de la casa

Portfolio
Guarda el dosier en tu portfolio.

a. Abrimos un bar de tapas.
En grupos de cuatro vais a abrir un bar de tapas. Primero os tenéis que inventar tapas con vuestros ingredientes preferidos y darles un nombre apetitoso, por ejemplo, "Champiñones a la Cristina". Luego tenéis que elaborar la carta y poner los precios.

b. ¿Qué pedimos?
A continuación un miembro de un grupo va con la carta a otro grupo y hace el papel de camarero para contestar a las preguntas sobre la carta. El resto son los clientes: preguntan por la comida, piden tapas y bebidas, hablan durante la comida y pagan.

TAPAS Y RACIONES

BEBIDAS

HORARIO

¿Qué me llevo de esta etapa?

Seguro que no hay espacio suficiente para apuntar todas las cosa útiles con las que te has encontrado en esta unidad. Por ello será mejor que anotes en tu cuaderno todo aquello que te quieres llevar de esta unidad. Guíate por la columna de la izquierda.

- Cinco alimentos que me gustan.
- Expresiones útiles para comprar en un mercado o en un supermercado.
- ¿Qué productos se pueden comprar en lata?
- Expresiones útiles para pedir en un bar.
- Dos tapas que quiero probar.
- Información cultural: ¿qué se puede hacer en un bar español?
- ¿Qué verbos irregulares recuerdas? ¿Tienen la misma irregularidad?
- ¿Te acuerdas del diálogo en el mercado y de la entrevista con el dueño del bar? ¿Qué era más fácil de entender? Muchas situaciones cotidianas trascurren de manera semejante en varias culturas o idiomas. Podemos saber lo que se dice normalmente o prever en cierta medida lo que se va a decir. Eso nos ayuda a entender con mayor facilidad. Por el contrario, las situaciones imprevistas son más difíciles de entender.
- Es bueno memorizar palabras relacionándolas con dibujos. ¿Te acuerdas de copa? Escoge otras tres palabras de la unidad e ilústralas.
- Ahora conoces todos los números. Para no olvidarlos, puedes pensar en el número en español cada vez que veas uno en tu vida cotidiana (p. ej.: un tique de compra, el kilometraje de tu coche…).

Ciudad de Panamá

Panamericana

En Nicaragua, Costa Rica y Panamá con Evelyn.
Evelyn te presenta otros tres países de Centroamérica y, para seguir con el tema de la unidad, nos hablará de sus especialidades culinarias.

¡Hola! Me llamo Evelyn y soy de Costa Rica. Me gusta mucho cocinar. Para los europeos la comida en Centroamérica es nueva y muy diferente. Muchos turistas no entienden el menú en los restaurantes.

■ *Y ahora tú: ¿qué preguntas son útiles para informarse sobre un plato?*

el volcán Concepción (Nicaragua)

Un alimento típico de Centroamérica son los frijoles. Se pueden comer por la mañana en el desayuno, al mediodía en el almuerzo y por la noche en la cena.

El *gallo pinto*, por ejemplo, es un desayuno típico. Son frijoles con arroz y se comen con huevos o con carne.

■ *Y ahora tú: ¿cómo es un desayuno típico de tu país?*

Mi país es rico gracias a su naturaleza, sus playas, su selva y sus volcanes. Es un país pequeño pero con una gran variedad de paisajes.
Los parques naturales y reservas biológicas forman el 25 % del país. Costa Rica es un país líder del turismo ecológico y tiene muchos proyectos para conservar la naturaleza.

gallo pinto

■ *Y tú: ¿puedes leer estas cifras? En Costa Rica viven unas 850 especies de aves, 214 especies de reptiles y encontramos 1416 tipos de orquídeas.*

Una bebida deliciosa son los jugos (= zumos) tropicales. Se preparan con frutas exóticas y son bombas de vitaminas.

■ *Ahora tú: ¿qué frutas (tropicales u otras) conoces? En un mercado, ¿cómo se pregunta por el precio de algo?*

Tenemos un producto famoso que exportamos a todo el mundo. Es famoso porque es excelente. Se cultiva a más de 1.200 m, una garantía de calidad. Sí, es el café. ¿Lo quiere probar?

■ *Y ahora tú: ¿te gusta el café? ¿Qué bebida prefieres tomar en el desayuno?*

En Panamá la ruta Panamericana se interrumpe. Ahora necesitamos un barco para continuar el viaje. ¿Qué es un barco? Lo aprendemos en la próxima lección con otros medios de transporte.
¡Buen viaje!

Por la ciudad

1

2

describir una ciudad • pedir información en una oficina de turismo • preguntar por el camino • indicar el lugar • dar información • usar los transportes públicos

2

3

4

5

1 **a. ¿Sevilla o Bogotá?**
¿A qué ciudad corresponde cada foto?

b. ¿A qué ciudad corresponden las siguientes frases?

	Sevilla	Bogotá
Es la capital de Colombia.	☐	☐
Es la capital de Andalucía.	☐	☐
Está en el sur del país.	☐	☐
Está en el centro del país.	☐	☐
Tiene unos 6,8 millones de habitantes.	☐	☐
Tiene unos 700 000 habitantes.	☐	☐
Está en la montaña, en los Andes.	☐	☐
Está al lado del río Guadalquivir.	☐	☐
Es famosa por la Semana Santa y la Feria de Abril.	☐	☐
Tiene muchos monumentos de la época colonial.	☐	☐
Tiene muchos monumentos de la época árabe.	☐	☐
Tiene una catedral famosa.	☐	☐

6

24 horas en Sevilla. Todo es posible.

POR LA MAÑANA: Pasear por el centro histórico y desayunar en uno de sus cafés típicos.
Visitar la catedral, la más grande de España. Aquí está la tumba de Cristóbal Colón. Después, subir a la famosa Giralda, la torre de una antigua mezquita (¡hay una vista fantástica sobre la ciudad!) o visitar el Alcázar, un palacio de origen árabe con jardines preciosos para descansar.

AL MEDIODÍA: Comer en el barrio de Santa Cruz, el antiguo barrio judío. En sus calles hay muchos bares y restaurantes. Cerca de la Giralda está la Bodega Santa Cruz con comida tradicional.

POR LA TARDE: Ir de compras a la zona peatonal. En la famosa calle Sierpes hay tiendas que venden productos de cerámica o instrumentos para tocar flamenco. Hay también dos confiterías famosas por sus dulces exquisitos: Ochoa y La campana. O visitar el Museo de Bellas Artes, donde hay cuadros de pintores famosos como Goya o Rubens.

POR LA NOCHE: Cenar. En la calle San Jorge está el restaurante "Casa Manolo". Después ir al teatro Lope de Vega, donde hay conciertos de guitarra flamenca, o pasear por el barrio de Triana, al otro lado del río Guadalquivir. Es un barrio tradicional con mucho ambiente.

Un día en Sevilla

2 a. ¿Dónde se pueden hacer estas cosas en Sevilla? Busca las respuestas en el texto.

- comer comida típica
- escuchar música
- comprar productos tradicionales
- ver cuadros famosos
- descansar
- ver toda la ciudad

b. Vocabulario de la ciudad.
Lee el texto otra vez con más detenimiento y elabora una tabla para completarla con las palabras del ejemplo. Compárala con las de tus compañeros y marca las palabras que quieres aprender.

gastronomía	*partes de la ciudad*	*monumentos*	*actividades*
el café	*el centro histórico*	*la catedral*	*pasear*

c. En grupos de tres. ¿Qué hacemos en Sevilla?
En grupos de tres. Poneos de acuerdo en tres cosas que queréis hacer en Sevilla y presentad el resultado a la clase.

- Primero visitamos la catedral, después…

El orden

primero
después
luego
al final

✎ 1-3

3 **a. ¿Hay o está/n? Completa la tabla.**
Busca en el texto las frases en las que se usa **hay** y **estar** y completa la tabla. ¿Eres capaz de establecer una regla?

....	....
En Santa Cruz .... muchos bares. .... dos confiterías en la calle Sierpes. En el teatro .... un concierto.	La bodega .... cerca de la Giralda. La tumba de Colón .... en la catedral. ¿Dónde .... los cuadros de Goya?

Cuando nos referimos a la existencia de una cosa o a la celebración de un evento que no sabemos si nuestro interlocutor conoce, usamos ...., por ejemplo delante de un artículo indefinido, números, **mucho** o **poco**. Cuando nos referimos a la ubicación de una cosa que creemos identificable o conocida por nuestro interlocutor usamos...........

b. ¿Qué ciudad es?

Es una ciudad grande, pero no **es** la capital del país. **Es** famosa por su equipo de fútbol. **Está** en el noreste de España, en el Mediterráneo. **Hay** un templo muy conocido y también **hay** un barrio antiguo con muchos bares y muchos monumentos interesantes. También **hay** gente de muchos países diferentes.

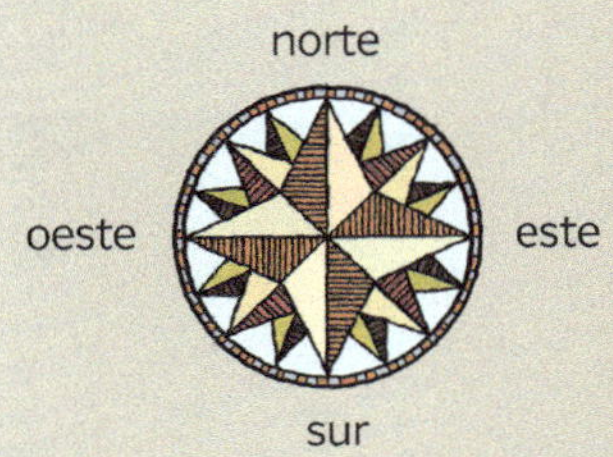

c. Y ahora tú.
Piensa en una ciudad y escribe unas frases como en el ejemplo de arriba. Leedlas por turnos. El resto intentará adivinar la ciudad.

4 **a. En la oficina de turismo. Relaciona.** ⏭ 10 – 15
¿Qué informaciones necesitan las personas en la oficina de turismo?
Completa las preguntas y luego corrige con el CD.

informarse	
¿Me puede recomendar	para Triana?
¿Tiene un plano	para el concierto de flamenco?
¿Cuánto cuesta una entrada	un restaurante típico?
¿Hay visitas guiadas	abre los lunes?
¿De dónde sale el autobús	en la catedral?
¿Dónde se pueden	de la ciudad?
¿Sabe si el Museo de Bellas Artes	las tiendas por la tarde?
¿A qué hora abren	comprar sellos?

los días
lunes martes miércoles jueves viernes sábado domingo
los lunes...

b. En parejas. El juego del turista.
Jugad en parejas con una moneda. Cara: avanzar una casilla, cruz: dos casillas. Haz una pregunta por casilla. Usa las preguntas que harías en la oficina de turismo. Obtendréis un punto por cada pregunta correcta. No se pueden repetir preguntas.

✎ 4, 5

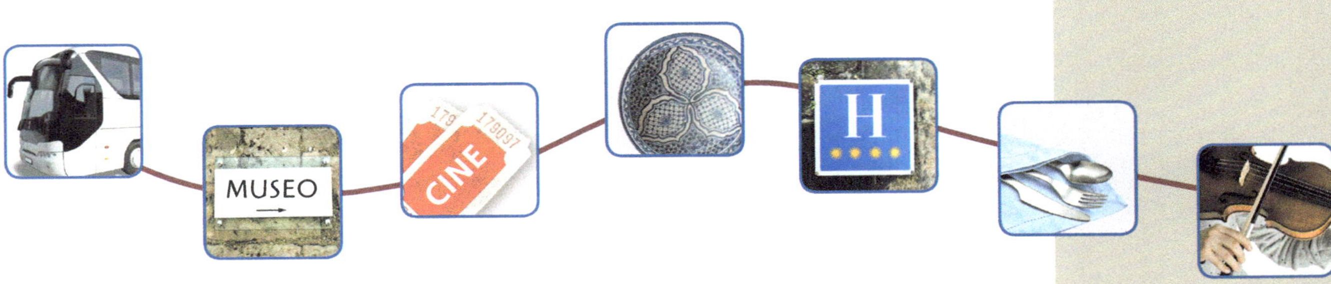

5 a. En un centro comercial. ¿Puedes identificar estos lugares en el plano?

- una farmacia
- una cabina de teléfonos
- la oficina de información
- un supermercado
- una panadería
- un restaurante
- los servicios
- una tienda de discos
- la oficina de Correos
- un cine
- una tienda de modas

b. Escucha y marca en el plano los lugares que se mencionan. ⏭ 16–20

c. Escucha otra vez y marca las expresiones que se mencionan.

Adverbios de lugar	
al lado (de)	delante (de)
a la derecha (de)	detrás (de)
a la izquierda (de)	enfrente (de)
cerca (de)	entre… y
lejos (de)	

de + el = **del**
cerca **del** banco

a + el = **al**
Vamos **al** cine.

6 a. ¿Verdadero o falso?
Compara las frases con el mapa. Marca las correctas y corrige las falsas.

1. ☐ La farmacia está a la derecha de la oficina de Correos.
2. ☐ Hay una cabina de teléfonos enfrente del cine.
3. ☐ Correos está entre la tienda de discos y la panadería.
4. ☐ El cine está detrás del supermercado.
5. ☐ Los servicios están al lado del cine.
6. ☐ Delante del centro comercial hay una parada de taxis.

Detrás de **Correos** el verbo está en singular porque se refiera a **la oficina de correos**.

b. En parejas. ¿Qué hay y dónde está?
Sitúa tres de los siguientes locales en los espacios vacíos del mapa del centro comercial. Tu compañero tiene que averiguar qué hay y dónde.

- una cafetería
- un banco
- una perfumería
- una frutería
- una confitería

- ● ¿Hay una cafetería?
- ○ Sí. / No.
- ● ¿Está al lado del restaurante?
- …

✎ 6-8

Vamos a Bogotá

7 a. Alberto prepara un viaje a Bogotá, una ciudad llena de sorpresas. ⏭ 21
Habla por teléfono con una amiga que vive allí. Escucha y marca la respuesta correcta.

1. ¿Cuándo va?
   - ☐ mañana
   - ☐ la semana próxima
2. ¿Cómo va?
   - ☐ en tren
   - ☐ en coche
   - ☐ en avión
3. ¿Adónde quiere ir?
   - ☐ a un concierto
   - ☐ a la catedral
   - ☐ a la ópera

ir	dirección	medio de transporte
voy vas va vamos vais van	a Bogotá al centro a la ópera	en tren en coche en bicicleta en barco en avión **a pie**

No confundas lo siguiente:
Vivo **en** España. *(¿Dónde?)*
Voy **a** Colombia. *(¿Adónde?)*

b. ¿Y tú? ¿Con qué frecuencia utilizas estos medios de transporte?
Haz una lista de más a menos frecuencia y comenta a continuación dos aspectos de la lista. ¿Cuál es el medio de transporte más usado en la clase?

el tren | el coche | el autobús | el metro | la bicicleta | el avión

- Voy en coche todos los días.

frecuencia
todos los días una vez por semana dos veces al mes / al año (casi) nunca

✎ 9

c. La sorpresa de Marisa para sus amigos.
¿Te acuerdas de la sorpresa que tiene preparada Marisa para sus amigos? Resuelve el crucigrama para averiguar los planes que tiene Marisa.

1. iglesia grande e importante
2. lugar con cuadros de pintores famosos
3. lugar donde se puede comer
4. medio de transporte en la ciudad
5. lugar donde se ven espectáculos y conciertos
6. lugar donde trabajan médicos y enfermeras

		1								L			
	2			S									
		3							R				
	4												
5				T									
			6				P						

La sorpresa de Marisa:
Buscar un ....

El transmilenio es un sistema de transportes que funciona como el metro, pero con autobuses.

Buscamos el tesoro de Bogotá

8 **a. Primera pista. ¿Cómo vamos? Escucha.** 22

¿Quieres participar en la búsqueda del tesoro? Helma conoce el camino porque trabaja en el lugar donde se guarda. Lee primero las frases, escucha y ordénalas.

- ☐ Toma la línea G en dirección a Ricaurte.
- ☐ Primero Helma va en bicicleta hasta la parada Portal del Sur del transmilenio.
- ☐ Baja en Avenida Jiménez, son dos paradas.
- ☐ Baja en Ricaurte, allí cambia a la línea F.
- ☐ Va a pie unos cinco minutos.

b. Para llegar a mi casa.

Tienes visita de Colombia. Describe a tu visita el camino del aeropuerto hasta tu casa usando medios de transporte.

viajar en autobús / metro / tren	
Primero	Toma/s el autobús / la línea X en dirección a...
Después	Baja/s en la próxima parada / estación.
Al final	Tiene/s que cambiar a la línea...

tener que
tener que + infinitivo Tengo que tomar el metro.

Primero tomas el metro. Bajas....

9 **a. Segunda pista. ¿Dónde está el mapa del tesoro?** 23

Para el siguiente tramo a pie necesitas el mapa del tesoro. Escucha y lee la descripción del camino. Subraya las expresiones que escuches. Luego dibuja el camino en el mapa a partir de la flecha. ¿Dónde está el mapa del tesoro?

Primero usted toma la primera / segunda / tercera calle a la derecha y después sigue todo recto hasta el hospital / el semáforo. Allí gira a la derecha / a la izquierda. Es la calle 11. Sigue todo recto hasta la calle / la plaza. Usted tiene que cruzar la plaza. Allí, enfrente / al lado de la plaza está el edificio. ¿Qué es?

La Candelaria

1 Plaza de Bolívar
2 Capitolio Nacional
3 Catedral
4 Iglesia Santa Clara
5 Teatro Colón
6 Palacio de San Carlos
7 Museo Botero

b. En parejas. Una pausa antes de llegar.

Antes de emprender los últimos pasos hacia el tesoro, haz un ejercicio de calentamiento. Describe con gestos un camino que normalmente haces a pie. Tu compañero lo traduce en palabras en su cuaderno. ¿Concuerda la descripción con tu camino?

c. En parejas. Juntos al tesoro.
Has encontrado el mapa del tesoro. Para llegar a él tienes que descifrar los jeroglíficos. Completad en parejas la descripción del camino.

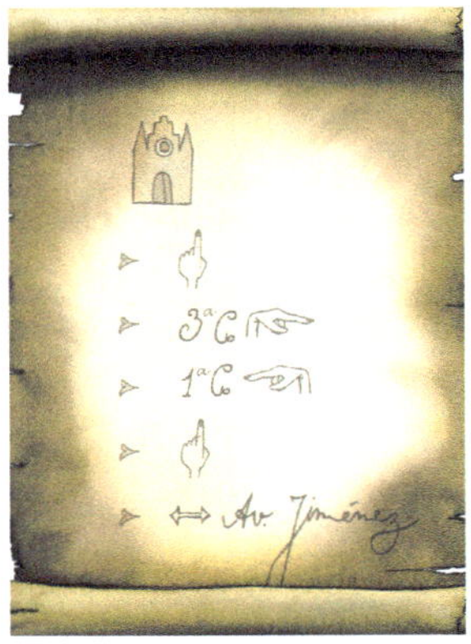

describir un camino	
Toma/s	la tercera calle a la derecha.
Sigue/s	todo recto hasta el semáforo.
Cruza/s	la calle / la plaza.
Gira/s	a la izquierda / a la calle XY.

seguir
sigo
sigues
sigue
seguimos
seguís
siguen

Desde la Catedral usted .... por la Carrera siete en dirección a la Avenida Jiménez. Toma la ....
y luego la .... Después tiene que seguir todo recto y .... Enfrente hay un edificio. Allí está el tesoro.

✎ 10 - 16

d. ¿Dónde está el tesoro?
Con ayuda de la descripción descifrada, dibuja el resto del camino en el mapa de la ciudad. ¿Dónde está el tesoro?

10 a. El tesoro de Bogotá.
Si has descifrado correctamente el pergamino, has encontrado el tesoro: el Museo del Oro. Allí recibes este folleto. Ordena las partes del texto.

b. Preguntas al guía del museo.
Formula tres preguntas que te gustaría hacer a un guía del museo.

c. ¿Hay un "tesoro" en tu ciudad? ¿Cómo es?

☐ La segunda planta presenta un viaje por las culturas antiguas con la exposición *"La gente y el oro en la Colombia prehispánica"*, que muestra la importancia simbólica y religiosa del oro para estas culturas.

☐ Bienvenido al Museo del Oro, el tesoro de la ciudad de Bogotá y uno de los tesoros del mundo. Este lugar único muestra la historia de nuestro país. En las tres plantas del museo tenemos más de 35.000 piezas de oro y 30.000 objetos de otros materiales. Hay figuras y objetos preciosos, fabricados con técnicas muy sofisticadas. ¡Tienen hasta dos mil años! Es impresionante pero difícil explicarlo con palabras: tiene que verlo.

☐ En la primera planta están los objetos que no son de oro, pero son también obras maravillosas, por ejemplo las preciosas figuras de cerámica. Para ver las piezas de oro, tiene que subir a la segunda y a la tercera planta.

☐ Después de la visita, ¿qué tal una pausa en la cafetería para disfrutar de otro tesoro de nuestro país: el café de Colombia?

☐ Luego, en la tercera planta, hay una parte de la famosa colección de piezas de oro y también uno de los tesoros del museo: la barca de oro de "El Dorado", origen del famoso mito.

Tarea final Un paseo por nuestra ciudad

a. En grupos. Un folleto para turistas hispanohablantes en tu ciudad.
El ayuntamiento de tu ciudad te pide ayuda para elaborar el folleto. Describe la ciudad o un barrio interesante y también un posible recorrido turístico.

Ciudad o barrio: ....

Monumentos: ....

Museos: ....

Restaurantes: ....

Cafés: ....

Tiendas: ....

UN PASEO POR ....

Aquí tenéis el barrio de...
Es un barrio...
Aquí se puede...
Además, están los restaurantes...
y el café... para tomar...
Y, finalmente, para comprar, podéis ir a...

Propuesta de recorrido:
....
....
....

b. Presenta tu folleto a la clase.
Tus compañeros te pueden hacer preguntas.

Portfolio
Guarda el folleto en tu dosier.

Has aprendido a describir lo que hay en un lugar y a decir dónde está. Esta unidad ha tenido que ver con tesoros. ¿Qué tesoros te quieres llevar?

- Palabras y expresiones para describir una ciudad.
- Cinco edificios que hay en todas las ciudades.
- Tres tiendas cerca de tu casa.
- Expresiones para explicar cómo ir a un lugar.
- Medios de transporte (ordenados de más lento a más rápido).
- Preguntas útiles para un turista.
- Información sobre Sevilla y Bogotá.
- Cuando contamos algo es importante darle una estructura al texto, por ejemplo con:

Primero, ...

- Entender el español hablado siempre es difícil. Normalmente es suficiente comprender de qué se trata, pero a veces es necesario entender también los detalles, por ejemplo, en el caso de las descripciones de rutas. La dificultad en sí no está en la comprensión, sino en retener todos los detalles. Por eso es útil interrumpir al interlocutor y repetir las informaciones importantes. De este modo nos aseguramos de que hemos entendido todo bien.
- Para aprender a usar las preposiciones puede ser útil hacer dibujos o acompañar las palabras con una ayuda visual (por ejemplo, **a** con una flecha porque indica la dirección). Otra posibilidad es relacionarlas con movimientos. Intenta decir en alto y con ritmo moviendo los brazos en la dirección pronunciada: a la derecha, a la izquierda, delante, detrás. ¿Conoces otras técnicas?

Panamericana

En Colombia con Helma.
La primera parte de esta etapa la hacemos en barco, porque entre Panamá y Colombia no hay carretera. Helma nos presenta algunos aspectos interesantes de su país.

Me llamo Helma Gómez y soy de Bogotá. Hablar de Colombia es hablar de música, de baile, de selva, de mar... Se dice que los colombianos tienen tres pasiones: el fútbol, el baile ¡y las telenovelas!

■ *Y ahora tú: ¿sabes de dónde viene el nombre de Colombia?**

Es difícil presentar mi país en pocas palabras: tenemos grandes metrópolis, pero también una naturaleza muy variada con los Andes, la selva amazónica y las costas del Pacífico o del Caribe. Allí hay ciudades hermosas como Cartagena y Barranquilla, el lugar de origen de uno de los ritmos latinos más populares: la cumbia. ¿Sabe quién es también de Barranquilla? La cantante Shakira.

■ *Y ahora tú: ¿te gusta la música de Shakira? ¿Qué cantantes del mundo hispano conoces?*

Shakira

Medellín

El 80 % de la población vive en Bogotá, la capital, y en Medellín. Como en muchas ciudades de Latinoamérica, las calles no tienen nombre sino números. Se llaman "calles" cuando van de norte a sur y "carreras" cuando van de este a oeste. Sólo las avenidas tienen nombre.

Las ciudades colombianas son muy dinámicas. La gente va en coche o en autobús. En Bogotá usted ya conoce el transmilenio, pero hay también otro tipo de autobuses que conectan los pequeños pueblos.

■ *Y tú: ¿cómo vas al trabajo? ¿Y a la clase de español?*

Estamos muy orgullosos de Gabriel García Márquez, nuestro Premio Nobel de Literatura, y de Fernando Botero, quizá el pintor y escultor más famoso de Latinoamérica. Sus figuras son gordas y bellas.

■ *Y ahora tú: ¿te gustan las obras de Botero? ¿Conoces a otros pintores del mundo del español?*

Colombia tiene muchas cosas para descubrir. ¿Por qué no visita mi país algún día? Adiós, buen viaje.

*de Cristóbal Colón

¿Preparados para Colombia?
Resuelve el crucigrama para conocer otro medio de transporte de Bogotá.

1. Pintor colombiano.
2. Música típica del Caribe.
3. Famosa cantante de rock.
4. Metrópolis colombiana.
5. Una pasión de los colombianos.
6. Sistema de transportes en Bogotá.

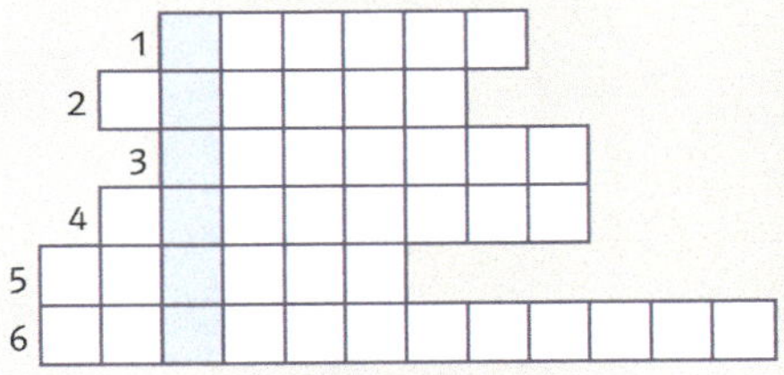

escultura de Botero

El placer de viajar

muchoviaje
mucho más que viajar

¿Por qué Mallorca?

Un avión a Mallorca. Cien pasajeros y cien motivos: a uno le gusta el ambiente cosmopolita de Palma, al segundo la naturaleza. Otros buscan playas con animación. Mallorca es perfecta para todos.

Palma de Mallorca

La capital de las Baleares ofrece todo para el turista urbano: cultura, monumentos, compras. En el centro histórico se puede visitar la catedral o comer una ensaimada (el dulce típico mallorquín) en un café tradicional.

La sierra de Tramontana

En el norte de la isla los amantes del senderismo encuentran rutas de montaña, pero también cultura, por ejemplo conciertos de piano en Valldemosa o galerías de arte en Pollensa.

reservar una habitación de hotel • pedir información • expresar acuerdo y desacuerdo • hablar de experiencias • escribir una postal • hacer una reclamación • disculparse

3

Especial Mallorca

ISLAS

El tren de las naranjas

Un recorrido nostálgico en tren, el antiguo medio de transporte de las naranjas. Vamos desde Palma hasta Sóller a través de montañas y valles de naranjos. ¡Un día inolvidable!

Las playas del este

Para descansar en la playa, tomar el sol, nadar o practicar deporte, la costa este tiene lugares hermosos. Pero la zona ofrece también pueblos románticos, restaurantes típicos, discotecas y clubes.

1 ¿Qué se puede hacer en Mallorca?
Lee el folleto y menciona algunas posibilidades. Estas palabras te pueden ayudar.

visitar | hacer | tomar | ir a | comer | …

monumentos | ensaimadas | galerías de arte | senderismo | excursiones | la catedral de Palma | el sol | deporte | la montaña | el tren de las naranjas

- En Mallorca se pueden hacer excursiones a la montaña.

HOTEL ISLAS ***
Palma

Situación en Palma, a 10 min. del centro histórico.
Alojamiento habitaciones con baño completo, calefacción, aire acondicionado, teléfono, TV y minibar.
Servicios desayuno continental, restaurante con terraza, gimnasio, sauna, piscina, discoteca, garaje.

1

FINCA AGROTURÍSTICA
Tramontana

Situación en la Sierra de Tramontana, a 1 km de la costa.
Alojamiento 6 habitaciones dobles con muebles tradicionales y baño.
Servicios restaurante con cocina tradicional, 1.000 m² de jardín, piscina. Campo de golf cerca.

2

APARTAMENTOS VERDEMAR ****
Santa Ponsa

Situación en Santa Ponsa, primera línea de playa con vistas al mar.
Alojamiento 2 dormitorios con 5 camas, salón-comedor con sofá-cama, TV. Baño y cocina amueblados. Terraza con mesa y sillas.
Servicios Se pueden alquilar bicicletas. Aparcamiento.

3

¿Te gusta esta habitación?

2 **a. Lee los anuncios.**
¿Qué alojamiento ofrece estos servicios? ¿Cuál prefieres tú? ¿Por qué?

b. Busca en los anuncios las cosas que hay...
- en la habitación
- en el hotel
- fuera del hotel

c. ¿Piscina o discoteca?
Haz una lista de los cinco aspectos más importantes para ti. Luego, comparad vuestras prioridades.

3 **a. Ordena este diálogo y luego comprueba con el CD.** 24
¿A qué alojamento de los anuncios se refiere?

cliente
- [ ] Perfecto. ¿Da a la calle? ¿Es ruidosa?
- [1] Buenos días, ¿tienen habitaciones libres?
- [ ] Muchas gracias.
- [ ] ¿Tranquilas? Muy bien. ¿Cuánto cuesta?
- [ ] ¿El precio es con desayuno incluido?
- [ ] Muy bien. ¿Tienen aire acondicionado?
- [ ] Sí, claro... Aquí tiene.
- [ ] Individual, para cuatro noches.

recepcionista
- [ ] 95 euros la noche.
- [ ] No, es muy tranquila. Todas nuestras habitaciones son exteriores, pero muy tranquilas.
- [2] ¿Doble o individual?
- [ ] Sí, es desayuno continental.
- [ ] A ver... Sí, tenemos una en la segunda planta.
- [ ] Por supuesto. ¿Puede completar este formulario?
- [ ] Muy bien. Habitación 45. Aquí tiene la llave.

✎ 1-3

una habitación
doble / individual
exterior / interior
tranquila / ruidosa
con ducha / baño completo
con balcón / vistas al mar
con televisión / internet
con garaje / piscina
para 3 noches / 1 semana

b. En dos grupos. Buscamos un hotel.
Un grupo son turistas que quieren reservar un hotel. Piensan y anotan el tipo de habitación, el precio, los servicios que quieren, la duración de las vacaciones, etc. El otro grupo son hoteleros y escriben anuncios. Después, los "turistas" hablan con los "hoteleros". ¿Encuentran el hotel que buscan?

¿Qué me recomienda?

4 a. Pedro busca un hotel en Mallorca para sus padres. ⏭ 25
Escucha el diálogo en una agencia de viajes. ¿Qué lugar le recomiendan? Después, escucha otra vez y marca las preferencias de los padres.

	a él	a ella
le gusta la montaña	☐	☐
le encanta la playa	☐	☐
le molesta el ruido	☐	☐
le gusta el senderismo	☐	☐
le interesa la naturaleza	☐	☐
le interesa un hotel exclusivo	☐	☐

Puerto de Sóller

b. Mira la tabla. ¿Qué formas ya conoces?
Luego completa el resumen de la empleada de la agencia de viajes.

pronombres tónicos		pronombres átonos	
(A mí)		**me**	
(A ti)		**te**	gusta Mallorca.
(A él / ella / usted)		**le**	encantan los museos.
(A nosotros/-as)	(no)	**nos**	interesa hacer deporte.
(A vosotros/-as)		**os**	molesta el ruido.
(A ellos / ellas / ustedes)		**les**	

Cuando queremos resaltar la persona usamos junto a **me**, **te**, **le**... también **a** + pronombre tónico.
- ¿Qué **les** gusta a sus padres?
- ○ **A él le** encanta el senderismo y **a ella** la playa.

✎ 4, 5

Información cliente

El cliente busca un hotel para sus padres. A ellos .... interesa un hotel cerca del mar porque a los dos .... gusta la playa. Buscan una pensión económica, y no .... molesta el ruido. A él .... gusta el deporte, especialmente el golf. A ella .... interesa la naturaleza.

c. ¿Hay información incorrecta en el resumen? ¿Puedes corregirla?

Gustos y preferencias

5 a. En parejas. ¿Qué es importante para ti en las vacaciones?
Menciona cinco aspectos. Tu compañero escribe un resumen. Luego al revés.

- No me gusta la montaña, pero me encanta la playa... *A Martina no le gusta...*

b. Mira la tabla. ¿Qué significan también **y** tampoco**?**

afirmación	acuerdo	desacuerdo
● Me encanta la playa. ☺	○ A mí también. ☺	■ A mí no. ☹
● No me gustan los hoteles. ☹	○ A mí tampoco. ☹	■ A mí sí. ☺

6 a. En parejas. Comparad vuestros intereses en las vacaciones.

- visitar lugares históricos
- los hoteles con animación
- viajar con la familia
- descansar
- el senderismo
- tomar el sol
- hacer cámping
- el ruido
- practicar deporte

6-8

● A mí me molesta el ruido.
○ A mí también.

● A mí no me gusta viajar con la familia.
■ A mí sí…

b. Ahora pensad en un lugar de vacaciones que os interesa a los dos.

● A Christian y a mí nos gusta el senderismo, por eso vamos a la sierra de Tramontana.

7 a. Completa estas frases útiles para viajar (hay muchas posibilidades).

1. ¿Dónde puedo alquilar ……?
2. ¿A qué hora sale el próximo ……?
3. ¿Está incluido ……?
4. ¿Me puede decir dónde hay ……?
5. ¿Nos pueden poner una cama extra para ……?
6. Quería un billete de ida y vuelta para …….

b. En parejas. Tu compañero lee sus frases de 7a en voz alta. Escucha.
¿Qué importancia tienen sus preguntas para ti? Escribe el número de cada frase en la flecha. Luego lee tus frases a tu compañero. ¿Hay muchas diferencias?

No todas las preguntas tienen la misma importancia. Aprende las cosas importantes para ti. Ejercicios como estos te ayudarán.

poco importante → **muy importante**

8 a. ¿Cómo buscas tú estos verbos en el diccionario?
Escribe los infinitivos.

bebo	……	prefiero	……	son	……	vengo	……
digo	……	quieres	……	tengo	……	vamos	……
pongo	……	salgo	……	traigo	……	vuelve	……

verbos con **-g-**

hacer: **hago**, haces, …
poner: **pongo**, pones, …
venir: **vengo**, vienes, …
decir: **digo**, dices, …
traer: **traigo**, traes, …

9, 10

b. En parejas. Gimnasia verbal.
Jugad en parejas con una moneda. Por turnos uno dice un infinitivo y tira la moneda. Si sale cara, el otro dice la forma para **yo**; si sale cruz, la forma para **usted**.

c. El rap del viajero. 26
Completa el rap, luego escucha y comprueba. Y si quieres: ¡a cantar!

Hago, pongo, salgo, digo, traigo, vengo
¿Qué haces? Hago…… la maleta.
¿Qué pones? …… las cosas.
¿Cuándo sales? …… mañana, mañana.
¿Qué dices? …… "Adiós, adiós".
¿Qué traes? …… muchos regalos.
¿Cuándo vienes? …… pronto, pronto.
Hago, pongo, salgo, digo, traigo, vengo

Experiencias de viajes

9 a. Un viaje a otra isla.
Hablamos del Mar Caribe, la salsa, el ron y el tabaco.
¿Qué isla es? ¿Qué más asocias tú con esta isla?

b. Lee la postal y marca las actividades de Lucía en sus vacaciones.

- ☐ visitar La Habana
- ☐ ir a un concierto
- ☐ pasear por la playa
- ☐ tomar el sol
- ☐ nadar
- ☐ beber ron
- ☐ pasear por el Malecón
- ☐ visitar una fábrica de tabaco

Queridos Javi y Montse:

¡Cuba es una maravilla! En estas vacaciones he vivido experiencias inolvidables.
Hasta ahora he visitado el centro histórico de La Habana, he paseado por el Malecón y he bailado salsa (sí, sí, ¡yo!). Pero también he visto el famoso Ballet Nacional de Cuba y he ido a un concierto al aire libre.
Esta mañana he hecho una excursión a una fábrica de tabaco. Hemos ido en autobús, que aquí se llama "guagua". Todavía no he tenido tiempo para tomar el sol en la playa o nadar en el Caribe – y sólo tengo dos días más. ¡Es que el tiempo pasa volando! No quiero volver a España ☹.
Y vosotros, ¿ya habéis comprado los billetes para Mallorca?

Un abrazo, Lucía

c. Un tiempo nuevo. Marca en la postal todos los verbos en perfecto.
¿Cuál es el infinitivo? ¿Cómo se forma el pretérito perfecto?

el pretérito perfecto			formas irregulares	
he			decir	dicho
has	visit............	-ar	hacer	....
ha	com**ido**	-er	poner	puesto
hemos	viv............	-ir	ver	....
habéis			escribir	escrito
han			volver	vuelto

El pretérito perfecto se usa:
- para hablar de acciones pasadas dentro de un periodo de tiempo que incluye el actual o que es muy cercano. Los marcadores temporales suelen ser *hoy, esta semana, este mes, este año, últimamente…*
- para hablar de una acción pasada cuando el momento no es relevante. Los marcadores temporales suelen ser *alguna vez, todavía (no), ya, (no)… nunca.*

10 a. Completa estas preguntas con las formas del perfecto.

comer | dormir | estar | hablar | hacer | pasar | visitar

1. ¿Has .... alguna vez en un hotel de 5 estrellas? ¿Dónde?
2. ¿Has .... platos típicos de México? ¿Cuáles?
3. ¿Has .... español en un viaje? ¿Con quién?
4. ¿Has .... en España o en Latinoamérica? ¿Dónde?
5. ¿Has............................ una mezquita? ¿Dónde?
6. ¿Has .... un viaje organizado? ¿Adónde?
7. ¿Has .... alguna vez las vacaciones en tu país? ¿Dónde?

b. Una encuesta en grupos de tres.
Haz las preguntas a dos compañeros y luego presenta dos informaciones interesantes o curiosas.

✎ 11, 12

c. ¿Verdadero o falso?
Cada uno piensa en cosas que ha hecho en sus vacaciones y escribe una lista de cinco actividades: cuatro verdaderas y una falsa. Lee la lista. ¿Quién adivina la falsa?

11 En parejas. La preparación de un viaje.
Marca en la lista tres cosas que ya has hecho para preparar el viaje.
Tu compañero tiene cinco intentos para adivinarlas. Luego, al revés.

- comprar los billetes
- comprar una guía
- preparar los documentos
- alquilar un coche
- comprar un bañador
- hacer la maleta
- llamar al hotel
- ir al banco

- ● ¿Has comprado los billetes?
- ○ No, todavía no. / Sí, ya los he comprado.

12 a. Grizel habla de sus vacaciones. Escucha y toma notas. 27
¿Adónde ha ido? ¿En qué medio de transporte? ¿Qué tal el viaje?

b. Escucha otra vez y marca las informaciones correctas.

- ☐ Los autobuses son muy buenos.
- ☐ Yucatán le ha gustado mucho.
- ☐ Ha viajado mucho en coche.
- ☐ Las ciudades mayas le han impresionado mucho.
- ☐ Ha comido platos típicos muy ricos.
- ☐ Ha tenido muchos problemas en el viaje.

c. Fíjate en el siguiente cuadro.
¿Entiendes cuándo se usa **muy** y cuando **mucho**?

mucho/-a/-os/-as	muy / mucho
mucho tráfico	Es una casa **muy** bonita.
mucha gente	Aquí se vive **muy** bien.
muchos hoteles	Me interesa **mucho**.
muchas ideas	Vamos **mucho** a la playa.

.... se usa delante de adjetivos y adverbios
.... **se usa** después de verbos

d. En un viaje no todo es maravilloso. Completa con muy **o** mucho**.**

“A nosotros nos gusta mucho viajar, pero a veces es .... caro, sobre todo si vamos a un hotel. Tenemos .... problemas porque somos una familia .... grande y por eso vamos .... a la casa de los abuelos en el campo. Además, para mí es .... difícil encontrar un hotel adecuado porque el ruido me molesta .... Este año, por ejemplo, he viajado .... y he estado en .... hoteles .... ruidosos. Silencio, yo necesito .... silencio.”

13

No hay nada perfecto

13 a. Escucha. ¿Dónde pasan estas situaciones? ⏭ 28 – 30
¿Cuál es el problema en cada caso?

b. Escucha otra vez y lee los diálogos.
Luego busca las expresiones para completar la tabla de abajo.

1.
- ● Oiga, por favor.
- ○ Dígame.
- ● Perdone, pero no he pedido sopa, sino ensalada.
- ○ ¿Ensalada? Disculpe, ahora mismo la traigo.
- ● No pasa nada.

2.
- ● Buenas noches.
- ○ Buenas noches. ¿En qué le puedo ayudar?
- ● Mire, es que tengo un pequeño problema. He reservado la habitación con bañera y sólo tengo ducha.
- ○ Lo siento. Ha sido un error. Enseguida le damos una con bañera.
- ● Está bien. Gracias.

3.
- ● Buenas tardes.
- ○ Buenas tardes. Mire, ya hemos llamado por teléfono. Tenemos un problema con el coche que hemos alquilado esta mañana. Es que el aire acondicionado no funciona.
- ● Ah sí, perdone las molestias. Ya tenemos otro coche para usted. Aquí están las llaves.
- ○ Gracias. Muy amable.

dirigirse a alguien	reclamar	disculparse	aceptar disculpas
....	....	....	....
....	....	....	....
....	....	....	....
....	....	....	....

c. El tono en la frase es importante. ⏭ 31
No es tan importante lo que se dice sino cómo se dice. Escucha algunas frases de los diálogos anteriores y subráyalas. Luego intenta decirlas con un tono diferente: enfadado, con prisa, de buen humor, inseguro.

d. En parejas. Reclamar, disculparse y aceptar disculpas.
Elegid un ejemplo de cada situación y representad los diálogos.

Has pedido	**pero recibes**
agua con gas	agua sin gas
pizza con salami	pizza con jamón
vino blanco	vino tinto
una habitación exterior	una interior
una habitación con bañera	una con ducha
una habitación con balcón	una sin balcón

✎ 14 – 17

Tarea final Una postal de las vacaciones

Portfolio
Guarda la postal en tu dosier.

Tu grupo ha hecho un curso intensivo de español en Sevilla (o en otro lugar).
En grupos de tres, escribid una postal a vuestro profesor sobre vuestras experiencias.

Querido/-a...

Saludos desde...
El curso es...
Ya hemos aprendido...
El hotel / apartamento es..., tiene...
En el tiempo libre hacemos excursiones. Ya hemos...
Pero todavía no hemos.... Nos interesa ver también...
De las comidas típicas ya hemos probado...

Besos,

¿Qué me llevo de esta etapa?

Esta lección ha sido un pequeño viaje. Has aprendido palabras y expresiones muy útiles para viajar. ¿Qué cosas traes de tu viaje?

- Preguntas útiles para hacer reservas.
- Aspectos importantes para ti en un hotel o apartamento.
- Dos de tus actividades preferidas en las vacaciones.
- Expresiones para reclamar, disculparse y aceptar disculpas.
- Información sobre Mallorca y Cuba.
- Expresiones para escribir una postal.
- ¿Qué temas de gramática son tus "recuerdos" preferidos de esta lección?
- Una actividad que has hecho...

hoy: *He* ....
esta semana: ....
este mes: ....
este año: ....

- Con la postal de Cuba hemos visto que podemos deducir una nueva regla de gramática (cómo se forma el pretérito perfecto). Para aprender reglas puede ayudarte formularlas en tu lengua y escribirlas en tu cuaderno.
- Para recordar gramática nueva es útil aprender de memoria una frase modelo con la nueva estructura, por ejemplo para los pronombres:
A mi padre no le gusta la playa.
Ahora puedes construir muchas frases correctas como estos modelos, por ejemplo:
A nosotros no nos interesan los viajes exóticos.
¿Qué frase modelo quieres llevarte para recordar el pretérito perfecto?
- Además hemos visto que el ritmo es un truco para aprender palabras, como el rap del viajero. ¿Hay otras palabras que puedes aprender con ritmo?

el volcán Cayambe (5700 m)

Panamericana

En Ecuador con Héctor.
¡Hola! Me llamo Héctor Inca y soy ecuatoriano. Me encanta presentarles mi país.

Ecuador es el segundo productor de cacao de Latinoamérica. Tenemos varios tipos de cacao de muy buena calidad. Es la base del chocolate, que me gusta mucho, sobre todo el chocolate puro con 70 % de cacao.

árbol del cacao

▪ *Y ahora tú: ¿te gusta el chocolate? ¿En qué momentos lo comes?*

En muchas regiones del país se puede hacer turismo rural en las “haciendas”. Son casas tradicionales que ofrecen alojamiento y además muchas posibilidades para hacer excursiones. También hay haciendas en “la ruta del cacao” con visitas guiadas para ver su producción. Creo que es una idea muy buena estar en la naturaleza y además aprender cómo se produce el cacao.
▪ *Y ahora tú: estás en una hacienda, pero no sabes si tiene desayuno. ¿Cómo lo preguntas?*

Si quiere pasar unos días inolvidables: las Islas Galápagos son un paraíso. Son catorce islas que están en el Océano Pacífico a casi 1.000 km del continente. Allí se pueden observar animales fabulosos como iguanas y tortugas. El 97 % del territorio es parque nacional. Las islas son un tesoro que tenemos que proteger.
▪ *Y ahora tú: quieres reservar una noche de hotel en las Galápagos. Llamas por teléfono al hotel: ¿qué dices?*

Otro lugar que siempre recomiendo y que a mí me gusta mucho es el mirador de Catequilla. Por Catequilla pasa el meridiano cero, el ecuador, que divide el mundo en dos hemisferios. Allí hay un monumento de nuestras antiguas culturas que tiene más de nueve siglos. Es un observatorio natural a 2.800 metros de altura. El cielo toca la tierra, ¡maravilloso!
▪ *Y ahora tú: ¿has estado alguna vez en un lugar extraordinario? ¿Dónde?*

Quito, la capital, es visita obligatoria porque forma parte del Patrimonio Cultural de la Humanidad. En Quito les recomiendo el museo Capilla del Hombre, donde están los cuadros y las esculturas de Oswaldo Guayasamín, un artista de fama internacional.
▪ *Y ahora tú: en el museo ofrecen una visita guiada a las 11 de la mañana. Pero el guía llega tarde y se disculpa. ¿Qué dice? ¿Y cómo reaccionas tú?*

Una postal de Ecuador.
Imagina que pasas las vacaciones en Ecuador. Con las informaciones de Héctor, escribe una postal a un amigo.

Mirador

Después de dos terceras partes del recorrido, ahora tienes la ocasión de detenerte de nuevo para revisar lo aprendido.

Hablamos de cultura: no todo es diferente

1 a. Bares, tapas y horarios.
Marca las respuestas. Puedes marcar más de una. No hay respuestas correctas ni falsas.

1. Un bar es para mí un lugar
   - ☐ para tomar copas.
   - ☐ para cenar.
   - ☐ para encontrarse con amigos.
2. Normalmente voy a un bar
   - ☐ por la mañana.
   - ☐ por la tarde.
   - ☐ por la noche.
3. Si voy con amigos a un bar de tapas
   - ☐ cada persona pide una o dos tapas.
   - ☐ pedimos tapas para todos.
   - ☐ una persona decide por todos.
4. Si voy con amigos a un bar,
   - ☐ cada uno paga su bebida / comida.
   - ☐ uno paga toda la cuenta.
   - ☐ la cuenta se divide entre todos.
5. En mi país cenamos normalmente
   - ☐ a las seis.
   - ☐ entre las seis y las ocho.
   - ☐ después de las ocho.
6. Si no hay una mesa libre
   - ☐ voy a otro bar / restaurante.
   - ☐ veo si en una mesa hay sólo una persona.
   - ☐ espero en la barra.

b. Compara los resultados con los de tus compañeros. Luego escucha una entrevista espontánea con un grupo de hispanohablantes. ⏭ 32
¿Hay diferencias con tus respuestas? ¿Y también entre las personas que hablan?

2 Más que palabras.
¿Quieres ampliar tus conocimientos sobre la cultura de los países hispanohablantes? Relaciona.

1. Una cesta
2. La cuenta
3. En un taxi
4. El desayuno
5. La propina
6. Un estanco

- ☐ los pasajeros no se sientan al lado del taxista.
- ☐ en un restaurante la paga una persona o se divide entre todos.
- ☐ es una pequeña tienda que vende sellos, postales y cigarrillos.
- ☐ de Navidad es un regalo típico con especialidades de comida.
- ☐ no siempre está incluido en el precio de un hotel.
- ☐ es el dinero que se da al camarero por el servicio; se deja en la mesa.

similitudes y diferencias culturales • autoevaluación • estrategias de aprendizaje • hablar y jugar

4

Ahora ya sabemos…

Antes de hacer el ejercicio, evalúate tú mismo marcando una de las caras dibujadas junto a cada tema. A continuación haz la prueba y compara el resultado con lo que has marcado. Comprueba los resultados preguntando a tus compañeros o al profesor cuando no estés seguro.

3 **a. Comprar en el mercado.**
¿Qué dice el vendedor? ¿Y el cliente? ¿Qué expresiones pueden usar los dos?

	vendedor	cliente
1. Aquí tiene.	☐	☐
2. ¿Algo más?	☐	☐
3. Deme medio kilo.	☐	☐
4. ¿Cuánto es?	☐	☐
5. Eso es todo.	☐	☐
6. ¿Los quiere para salsa?	☐	☐
7. En total son 12 euros.	☐	☐
8. Sí, 100 g de jamón.	☐	☐
9. Lo siento, hoy no tengo.	☐	☐
10. ¡Hasta la próxima!	☐	☐

b. Pedir información. 33
Lee estas respuestas. Después escucha las preguntas 1–4 y pon el número en la respuesta adecuada.

☐ En el estanco. Hay uno aquí cerca.
☐ Claro. El "Sol" es bueno y no es muy caro.
☐ No, es interior y muy tranquila.
☐ A las ocho de la tarde.

Ahora haz lo mismo con las preguntas 5–8. 34

☐ Sí, todos los días a las 11.
☐ En julio no, sólo en agosto.
☐ Entre 15 y 30 euros.
☐ En la próxima parada.

4 **a. Describir una ciudad.**
Piensa en una ciudad y toma notas.

b. Un texto informativo o publicitario.
Escribe un texto informativo o publicitario sobre la ciudad sin mencionar el nombre.

c. En parejas. ¿Qué ciudad es?
Intercambiad los textos. ¿Puedes identificar la ciudad de tu compañero?

Aprender a aprender

5 Falsos amigos.

Muchas palabras se parecen en distintos idiomas y son fáciles de entender, pero también existen los llamados falsos amigos. Son palabras que suenan igual o muy parecidas, pero que tienen un significado diferente. Mira estas diez palabras. ¿Se parecen a palabras de tu lengua o de otras que conozcas?

1. rizo
2. ganga
3. balón
4. nudo
5. suceso
6. carta
7. curso
8. latir
9. nota
10. tapa

6 a. En parejas. Más técnicas para aprender vocabulario.

Cada uno escribe 15 palabras en una hoja y se la da a su compañero. Éste memoriza en un minuto el mayor número posible de palabras. Luego da la vuelta a la hoja y escribe las palabras que recuerde. ¿Quién tiene más de 7?

b. Tu estrategia.

¿Has usado una técnica en particular? Para memorizar vocabulario se puede…

- usar las palabras en una historia
- relacionar las palabras con movimientos
- imaginar un cuadro
- clasificar las palabras por grupos
- crear parejas de antónimos
- construir una frase ejemplo
- hacer rimas
- decir las palabras en alto
- escribir las palabras

c. Repite el experimento con otras palabras.

Ahora intenta usar una nueva técnica con otras palabras. ¿Cuál es el resultado?

7 a. ¿Cómo escuchamos en estos casos? Relaciona.

Escuchar una lengua extranjera puede ser más difícil que leerla porque no vemos los espacios entre palabras y no podemos determinar nosotros mismos la velocidad. Dependiendo del tipo de texto –también en nuestra lengua materna– usamos distintas técnicas de comprensión. A menudo se trata de captar el sentido o de filtrar cierta información. Muy pocas veces se trata de entender detalles. ¿Te acuerdas de las siguientes audiciones? ¿Qué tipo de comprensión se requería?

1. captar el sentido
2. filtrar cierta información
3. entender todo exactamente

a. Preguntar la hora ⏭ 4–9
b. Descripción de la ruta en Bogotá ⏭ 23
c. Viaje de Grizel a Yucatán ⏭ 27

b. ¿Y cómo escuchamos en estas situaciones? Escribe el número adecuado.

☐ Escuchas el pronóstico del tiempo en todo el país.
☐ Escuchas en la radio una entrevista con la actriz de moda.
☐ Un cocinero famoso prepara en la televisión una receta que tú quieres aprender.
☐ En el aeropuerto anuncian la salida de tu vuelo.
☐ Una persona te explica cómo llegar al centro desde la estación de tren.
☐ Escuchas un programa en la radio sobre turismo en Cuba.

Terapia de errores

8 a. Errores típicos.
Ulrike está en Bolivia y escribe a una amiga española. ¿Cuántos errores encuentras?

Hola Montse:

¿Qué tal? Por fin soy en Bolivia. Vivo con una familla muy sympática. La madre se llama Carmen y trabaja en una officina a Cochabamba. El padre se llama Ignacio y es taxisto. Habla muy rápido y muchas vezes no entiendo nada.
Yo trabaja en una escuela al centro de Cochabamba (clases d'anglese). Me pagan mil cincuentos pesos. (¡Sí, 1.500!) Apriendo Español por la mañana pero está muy diffícil.
Todavía he no ido a La Paz, La capital. Voy en octobre. Quiero la visitar y ver los museos y monumentos.
¿Y tu cómo estás? Vas en Allemania con coche?

Saludos
Ulrike

b. Escribe ahora la carta sin errores.
Ya tienes un modelo de carta para tu dosier.

Organizar un juego

9 Nos vemos jugando.

Comer / beber
Yo bebo vino. Vosotros …

Comprar
¿Dónde se compran sellos?

Viajar
Una habitación ruidosa ↔ …

- Se reparten por estudiante 12 cartas de tres colores distintos (un color por tema **viajar, comer / beber, comprar**). Escribe en cada carta un ejercicio como en el ejemplo. Los ejercicios pueden abarcarlo todo: gramática, vocabulario o información.
- Se recogen todas las cartas y se disponen por colores en tres montones.
- Se forman grupos de cuatro. Cada grupo recibe el mismo número de cartas de cada color y las pone boca abajo sobre la mesa.
- Se juega en el tablero con una figura y un dado por jugador.
- Cada jugador empieza desde una esquina y avanza en el sentido de las agujas del reloj. El jugador coge el color de la carta que corresponde con el tema de la casilla donde ha caído y resuelve la tarea. Si la resuelve bien (eso lo decide el grupo), se queda la carta; si no, la vuelve a poner en el montón debajo de todas.
- El juega termina cuando no quedan cartas. El jugador con más cartas gana.

¡Nos vemos!

Paso a paso 2

Cuaderno de ejercicios

Índice

1 Es la hora de comer 42

1 La pirámide de los alimentos. Expresión de los gustos.
2 Expresión de la frecuencia
3 Envases y cantidades
4 Envases y cantidades. Una lista de la compra.
5 Vocabulario y recursos empleados para comprar
6 Los verbos **preferir**, **tener** y **querer**
7 Texto sobre el aceite de oliva. Escribir unas cifras.
8 Marcar unas cifras a partir de una audición
9 Algunos verbos y sus infinitivos
10 Completar un diálogo que tiene lugar en un restaurante
11 Identificar de qué hablan unas personas a partir de una audición
12 Pronombres de objeto directo
13 Decir lo que falta en una mesa
14 **Se** impersonal
15 La hora
16 Preposiciones
17 Mundo profesional: apuntar unas horas en una agenda
18 Pronunciar bien: las vocales y la letra ese

Portfolio

2 Por la ciudad 49

1 Recursos para describir una ciudad
2 Léxico relacionado con la ciudad. Encontrar el intruso
3 Terminaciones de los adjetivos. Léxico relacionado con las vacaciones
4 Los verbos **haber**, **ser** y **estar**
5 Escribir los planes de una persona a partir de una audición
6 Nombres de establecimientos y actividades. Expresar frecuencia.
7 Nombres de establecimientos y actividades.
8 Ubicar a partir de un dibujo
9 Medios de transporte
10 verbos irregulares en presente de indicativo
11 Relacionar preguntas y respuestas que tiene lugar en una oficina de turismo
12 Completar un diálogo con indicaciones para llegar a un lugar
13 Seguir y dar indicaciones para llegar a un lugar
14 Preposiciones
15 Mundo profesional: abreviaturas empleadas en las direcciones
16 Pronunciar bien: la sílaba tónica de los verbos

Portfolio

3 El placer de viajar 56

1 Tipos de viajes y actividades
2 Recursos para desenvolverse en un hotel
3 Terminaciones de los adjetivos. Léxico de las vacaciones.
4 Verbos de afección y pronombres
5 Pronombres de objeto directo y con verbos de afección
6 Identificar de qué hablan unas personas. Expresión de acuerdo y desacuerdo.
7 Expresión de acuerdo y desacuerdo.
8 Léxico: preguntas útiles
9 Tipos de alojamiento: ventajas e inconvenientes
10 Completar una entrevista con algunas formas verbales. Adivinar la profesión del entrevistado.
11 Experiencias. Pretérito perfecto.
12 Completar frases con verbos en pretérito perfecto.
13 Completar un texto con **mucho/a/os/as** y **muy**.
14 **Se** impersonal
15 Reclamar
16 Mundo profesional: decir qué ha hecho ya una persona
17 Pronunciar bien: /p/, /t/ y /k/

Portfolio

4 Mirador 63

1 Vocabulario y estructuras gramaticales
2 Comprensión auditiva
3 Respuestas adecuadas
4 Comprensión lectora
5 Expresión escrita

Es la hora de comer 1

1 **a. La pirámide de los alimentos.**
Para garantizar una buena alimentación, se recomienda comer más cantidad de los alimentos representados en los niveles inferiores de la pirámide y menos de los superiores. Relaciona los siguientes alimentos con cada uno de los seis niveles y añade más si lo consideras necesario.

carne | leche | verdura | queso | fruta | lechuga | pollo | manzana | chocolate | plátano | tomate | yogur | patatas | mantequilla | aceite | pan | pasta | té | pescado | agua mineral

1. ....
2. ....
3. ....
4. ....
5. ....
6. ....

b. Tus gustos de comida.
Expresa tus gustos sobre los alimentos de 1a.

Me gusta(n) (mucho)... No me gusta(n)...

2 **a. Frecuencia.**
¿Qué palabras expresan frecuencia? Márcalas y ordénalas de menos a más.

nunca | enero | todos los días | hoy | pocas veces | también | rápido | siempre | mañana | muchas veces | casi nunca | buenas noches

b. ¿Con qué frecuencia realizas estas actividades?

beber cava | escuchar música clásica | viajar en avión | hablar español | usar el teléfono móvil | organizar fiestas | comer en un restaurante | comprar productos biológicos

Nunca bebo cava.

3 Envases y cantidades.

Escribe el envase o la cantidad habituales para estos productos. ¿Puedes añadir un alimento por línea?

1. .... de agua, cava, cerveza...
2. *Una botella* .... de arroz, café, pasta...
3. .... de espárragos, tomate, aceite...
4. .... de agua, leche, vino...
5. .... de manzanas, naranjas, patatas...

4 ¿Lo tengo todo?

Has comprado todos estos alimentos en el supermercado. Compáralos con tu lista de la compra y escribe lo que le falta.

Dos latas de sardinas, ...

5 a. En el mercado.

Relaciona las preguntas con las respuestas adecuadas.

1. ¿Qué fruta tiene?	a. Sí, un kilo de manzanas.
2. ¿Cuánto quiere?	b. No, lo siento. Hoy no tengo.
3. ¿Tiene melones?	c. En total son 8,40 €.
4. ¿Algo más?	d. Un kilo y medio.
5. ¿Cuánto es?	e. Pues tengo mangos, mandarinas, plátanos...

b. ¿Quién pregunta?

¿Quién hace las preguntas: el cliente o el vendedor?

6 **Los verbos** preferir, tener **y** querer. ⏭ 35
Completa el diálogo en el supermercado con los verbos conjugados y comprueba con el CD.

Vendedor: Aquí tiene los tomates y las manzanas. ¿Qué más ...., doña Aurelia?
Doña Aurelia: ¿.......................... melones? Es que me gustan mucho los melones.
Vendedor: No, lo siento. Pero .... mangos muy buenos. ¿No .... usted mangos?
Doña Aurelia: ¿Mangos? ¿Eso qué es? Yo .... la fruta de aquí: el melón de Villaconejos y las manzanas de Lleida. Naranjas, ¿.......................... naranjas de Valencia?
Vendedor: Sí. ¿Cuánto ....?
Doña Aurelia: Medio kilo. Eso es todo, gracias.

7 **a. Un producto español.**
Lee el texto. ¿Qué significan las palabras **olivo**, **producción** y **tonelada**?

España es el productor de aceite de oliva número uno en el mundo. El aceite de oliva español tiene seis mil (1) años de historia. Es el zumo de la fruta del olivo, un árbol que vive hasta trescientos (2) años. España tiene doscientos ochenta millones (3) de olivos, y el ochenta (4) por ciento está en la región de Andalucía. La producción es de un millón (5) de toneladas; Andalucía exporta ciento veinte mil (6) toneladas a más de cien (7) países en los cinco (8) continentes.
Los españoles consumen casi trece (9) litros por persona y año.

b. Escribe en cifras los números destacados en azul en el texto.

1. ....
2. ....
3. ....
4. ....
5. ....
6. ....
7. ....
8. ....
9. ....

8 **Vinos españoles exclusivos.** ⏭ 36
Escucha y marca el precio correcto por botella para estos vinos exclusivos.

VINOS FINOS, S.A.

DOMINIO DE PINGUS 2000	790 €	970 €
PINGUS 2003	590 €	159 €
LA ERMITA 2002	393 €	293 €
TINTO PESQUERA MILLENIUM 1996	214 €	240 €
VEGA SICILIA RESERVA ESPECIAL 1999	184 €	804 €
ARTADI GRANDES AÑADAS 2001	132 €	123 €
FINCA GARBET 2001	150 €	115 €

9 **Los verbos en el diccionario.**
Si queremos buscar estos verbos en el diccionario, ¿qué infinitivo debemos buscar?

quiere | prefieres | tienen | pruebas | queremos | podemos | preferís | es | puedo | probáis | estudiamos | aprendéis | vivimos | tengo | soy | estoy

10 En un bar de tapas.

Completa el diálogo con las palabras adecuadas.

- Buenos días, ¿qué quieren?
- ¿.. patatas bravas?
- Sí, claro. ¡Y muy buenas!
- Pues una .... de patatas bravas y otra de gambas a la ....
- ¿Y para beber?
- Vino de la ...., por favor.
- Muy bien. Enseguida, señores.

11 Escucha. ¿De qué hablan las personas? 37

Fíjate en los pronombres.

- ☐ bocadillo
- ☐ tortilla
- ☐ espaguetis
- ☐ aceitunas

> **!**
> un bocadillo
> ~~con~~ **de** jamón

12 a. Forma frases.

Relaciona los elementos de las columnas para formar frases con sentido.

El pescado frito	(no)	lo	prefiero verdes.
Las naranjas		la	quiero con mucho ajo, por favor.
Las manzanas		los	preparáis con huevo, tomate y lechuga, ¿o no?
El té		las	prefiero con limón.
Los bocadillos			quiero para zumo.
La paella			tienen en lata?
Las sardinas			tienen de pollo y gambas, ¿verdad?

> **!**
> Cuando la frase empieza por el objeto directo hay que repetirlo con un pronombre:
> *El café **lo** quiero con leche*

b. ¿En el mercado o en un bar?

¿Qué frases se dicen en un mercado y cuáles en un bar?

13 ¿Qué falta en la mesa?

Escribe lo que falta en la mesa.

Falta un plato...

14 ¿Qué se hace en España?
Lee las siguientes frases y decide qué formas verbales tienen que llevar **-n**. Luego marca si las frases valen para España o para tu país.

	España	tu país
1. Se desayuna........ en casa.		
2. Se toma........ tapas con amigos.		
3. Se paga........ la cuenta por separado.		
4. Se bebe........ mucha cerveza.		
5. Se come........ muchas aceitunas.		
6. Se toma........ vino en el almuerzo.		

15 La hora. 38
Escucha los diálogos dos veces: primero, escribe el orden y, después, la hora.

☐ concierto ....
☐ clase de español ....
☐ avión ....
☐ fiesta ....

16 Preposiciones.
Tacha las preposiciones incorrectas.

1. Muchos españoles no desayunan por / de la mañana, pero a / en las diez toman un café.
2. Al / Por mediodía, muchas personas van a / en un bar para / por comer algo.
3. Por / De la tarde, muchos niños toman un bocadillo a / de jamón o queso.
4. Mucha gente cena tarde, incluso es normal cenar en / a las once de / por la noche.

Mundo profesional

17 La agenda del director. 39
Escucha el diálogo entre un director y su asistente y escribe las horas en la agenda.

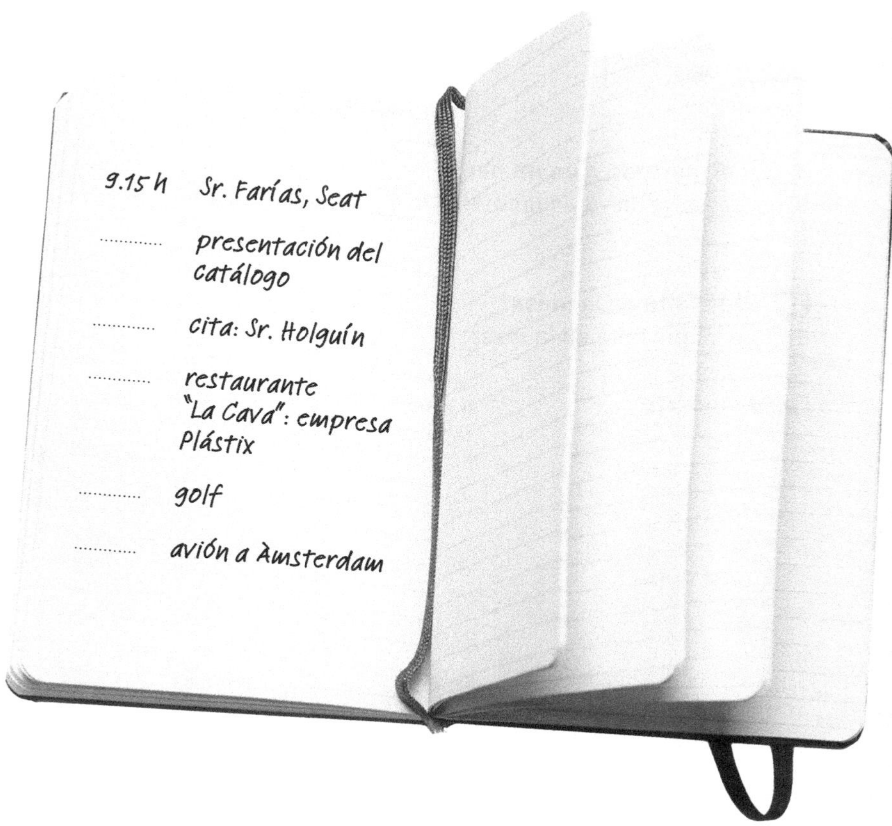

Pronunciar bien

18 **a. Las vocales y la letra** s.

¿En tu lengua hay vocales largas y cortas? ¿En tu lengua las eses pueden ser sordas y sonoras? En español, acostúmbrate a pronunciar las vocales cortas y las eses sordas. De esta manera, tu forma de hablar se parecerá más a la de un hispano.

b. Escucha a Petra y a Pedro. ⏭ 40
Escucha cómo Petra y Pedro pronuncian las mismas palabras. ¡Imita a Pedro!

casa | tomate | nosotros | persona | famoso | sala | simpático | problema | Eva

Portfolio

Ya puedo...

... decir las medidas y las cantidades:: ☐ ☐ ☐
.... de aceite ....

... comprar comida: ☐ ☐ ☐
¿Tiene ....? ....

... preguntar por el precio: ☐ ☐ ☐
....

... expresar preferencias: ☐ ☐ ☐
Prefiero ....

... pedir algo en un bar: ☐ ☐ ☐
....

... preguntar por la comida: ☐ ☐ ☐
¿Lleva ....? ....

... decir la hora y preguntarla: ☐ ☐ ☐
....

También puedo...

... decir los números a partir de 100: ☐ ☐ ☐
101 ...., 540 ...., 3.100 ....

... conjugar los verbos querer y preferir: ☐ ☐ ☐
yo ....

... conjugar el verbo poder: ☐ ☐ ☐
yo ....

... referirme a una cosa ya mencionada: ☐ ☐ ☐
Los bocadillos, ¿.......... preparas con tomate y lechuga? ....

... expresar impersonalidad: ☐ ☐ ☐
En el desayuno .... toman tostadas. ....

Comunicación

Cantidades y envases

1 kg = un kilo (de patatas)	1½ = un litro y medio
½ kg = medio kilo	un paquete (de)
1½ kg = un kilo y medio	una botella (de)
100 g = cien gramos	una lata (de)
1 l = un litro (de aceite)	una caja (de)
½ l = medio litro	

Entre la cantidad o el envase y el producto siempre va **de**: un poco **de** pan.

Comprar alimentos

Quería un kilo de tomates.
Deme un melón.
Prefiero las manzanas.
¿Tiene mangos?
Eso es todo. ¿Cuánto es?

Quería = es la forma de cortesía de **querer**.

Referirse a una cosa mencionada

Quiero	un té.	¿Lo quiere con limón?
	una tortilla.	¿La quiere caliente o fría?
	calamares.	¿Los quiere a la romana?
	aceitunas.	¿Las quiere verdes o negras?

Preguntar por el precio

¿Cuánto cuesta el melón?
¿Cuánto cuestan las manzanas?
¿Cuánto es (todo)?

Pedir algo

camarero	cliente
• ¿Qué desean?	○ Yo una cerveza.
• ¿Qué quieren?	○ Yo también.
• ¿Qué toman?	○ Para mí, un agua mineral.
	○ Un café, por favor.

Pedir información sobre la comida

¿Qué es eso?
¿Qué lleva la tortilla?
¿Lleva ajo / mayonesa?
¿Es picante?
¿Se come caliente / frío/-a?

Preguntar por la hora y decirla

• ¿Qué hora es? [○ Es la una y media. / ○ Son las cinco menos diez.

• ¿A qué hora cenas? [○ A las nueve y media. / ○ Entre las nueve y las diez.

Momento del día y hora

por la mañana	a las siete **de** la mañana
a/al mediodía	**de** la tarde
por la tarde	**de** la noche
por la noche	

Gramática

Los pronombres de objeto directo

	masculino	femenino
Singular	lo	la
Plural	los	las

En la negación los pronombres están entre el **no** y el verbo: El té **no lo quiero** con limón.

Se **impersonal**

En un bar español **se toma** café.
También **se toman** tapas con los amigos.
En muchos bares **se puede** desayunar.
En este bar **se puede comer un menú** barato.
En este bar **se pueden comer bocadillos** de muchos tipos.

Los números a partir de 100

100	cien	800	ochocientos
101	ciento uno	900	n**o**vecientos
200	doscientos	1.000	mil
300	trescientos	2.000	dos mil
310	trescientos diez	3.013	tres mil trece
400	cuatrocientos	10.100	diez mil cien
500	**quin**ientos	30.000	treinta mil
600	seiscientos	100.000	cien mil
700	s**e**tecientos	1.000.000	un millón

101, 102, 103...: cien**to** uno, cien**to** dos, cien**to** tres...
201, 202, 203...: doscientos uno, doscientos dos, doscientos tres...
1001, 1002, 1003...: mil uno, mil dos, mil tres...

Atención:
doscient**os** gram**os**
doscient**as** botell**as**
mil euros
un millón **de** euros

Verbos con formas irregulares

e → ie querer	**e → ie** preferir	**o → ue** poder	**o → ue** probar
qu**ie**ro	pref**ie**ro	p**ue**do	pr**ue**bo
qu**ie**res	pref**ie**res	p**ue**des	pr**ue**bas
qu**ie**re	pref**ie**re	p**ue**de	pr**ue**ba
queremos	preferimos	podemos	probamos
queréis	preferís	podéis	probáis
qu**ie**ren	pref**ie**ren	p**ue**den	pr**ue**ban

Casi todos los verbos tienen la irregularidad en el mismo sitio. Las terminaciones corresponden a las de los verbos regulares en **-ar**, **-er** o **-ir**.

La hora

13.00	Es la una.
14.00	Son las dos (en punto).
14.15	Son las dos y cuarto.
14.25	Son las dos y veinticinco.
14.30	Son las dos y media.
14.35	Son las tres menos veinticinco.
14.45	Son las tres menos cuarto.

Por la ciudad 2

1 a. ¿Cómo es tu ciudad?
Lee las frases y marca las que describen tu ciudad.

- ☐ Es la capital del país / de la región.
- ☐ Tiene muchos parques y jardines.
- ☐ Está en el sur del país.
- ☐ Tiene muchos monumentos y museos.
- ☐ Tiene muchas casas altas y modernas.
- ☐ Tiene más de 100 000 habitantes.
- ☐ Está en la montaña.
- ☐ Es famosa por sus playas.
- ☐ Es importante para el turismo.
- ☐ Tiene un río.
- ☐ Está en el centro del país.
- ☐ Tiene una universidad famosa.
- ☐ Es una ciudad pequeña.
- ☐ No tiene muchos bares o discotecas.

b. Tu ciudad.
Ahora escribe un texto breve sobre tu ciudad y añade por lo menos dos características a las de 1a.

2 ¿Qué palabra no corresponde al grupo?
¿Qué palabra no corresponde al grupo? ¿Puedes añadir por lo menos una palabra más?

1. restaurante | confitería | café | concierto
2. catedral | pintor | mezquita | palacio
3. centro | calle | barrio | precio
4. tradicional | cuadro | histórico | antiguo
5. al mediodía | a la plancha | por la tarde | por la noche
6. espectacular | desayunar | cenar | almorzar

3 a. Una tarde libre en Barcelona.
Imagina que estás en Barcelona con un viaje organizado y tienes una tarde libre. Puedes elegir entre las siguientes actividades. Completa con el verbo adecuado.

cenar | subir | visitar | comprar | pasear | ir | probar

Actividades recomendadas para el miércoles por la tarde:
subir .... a la Sagrada Familia.
– .... por el centro histórico.
– .... de compras al barrio del Borne.
– .... el Museo Picasso.
– .... cerámica en las Ramblas.
– .... dulces típicos en la confitería Reñé.
– .... en los bares del Barrio Gótico.

4 ¿Hay, ser o estar?
Completa la postal con los verbos adecuados.

Hola Michael:

Hoy es el 15 de julio y ya .... en Alicante. Alicante .... una ciudad preciosa que .... en el este de España, en el Mediterráneo. .... famosa por sus playas y porque .... la ciudad del turrón y de los zapatos. ¿Te gusta el turrón? ¡.................... un dulce delicioso! Aquí .... mucha vida nocturna, porque .... muchos estudiantes. .... bares, discotecas y restaurantes muy cerca de mi hotel. También .... monumentos interesantes, como el Castillo de Santa Bárbara o la Catedral. ¿Dónde .... tú ahora? ¿No quieres venir unos días también?

Un abrazo,
Elsa

5 Los planes de Elsa. ⏭ 41
Elsa pasará una semana en Alicante y tiene muchos planes.
Escucha el diálogo y escríbelos en la agenda.

lunes	martes	miércoles	jueves	viernes	sábado	domingo

6 a. ¿Dónde se puede...?
Escribe los nombres de las tiendas o lugares donde se pueden hacer estas actividades.

1. comprar el periódico ....
2. comprar pan ....
3. pedir un plano de la ciudad ....
4. comprar sellos ....
5. comprar aspirinas ....
6. ver una película ....

b. ¿Con qué frecuencia?
Elige cuatro de las actividades anteriores y escribe con qué frecuencia las haces.

Compro el periódico todos los días.

7 ¿Qué se puede hacer…?
Escribe lo que se puede hacer en estos lugares:

1. en una confitería
2. en una perfumería
3. en la estación de autobuses
4. en un museo
5. en una parada de taxis
6. en un bar

1. En una confitería se pueden comprar dulces.

8 En el centro comercial.
Completa las frases con ayuda del mapa del centro comercial.

1. • ¿Dónde hay ....?
   ○ Hay una entre el restaurante y la tienda de modas.

2. • Por favor, ¿dónde están ....?
   ○ Están aquí cerca, entre el cine y la farmacia.

3. • ¿Dónde está ....?
   ○ Está al lado de la farmacia.

4. • ¿Quieres tomar algo?
   ○ Sí, mira, allí hay ...., detrás de la panadería.

5. • ¿Me dejas tu móvil?
   ○ No lo tengo aquí, pero allí hay ...., a la izquierda de la entrada.

9 ¿Cómo vas?
¿Cómo vas a estos lugares? Forma frases.

Para ir	de del de la	estación escuela Correos hotel Sevilla museo trabajo	a al a la	casa Madrid playa teatro aeropuerto ópera universidad	tomo voy en voy a

10 Verbos irregulares.
Completa la tabla con estos verbos y añade el resto.

voy | pueden | pedís | sigo | prefieres | van | podemos | seguís | pide | preferimos

	ir	pedir	seguir	preferir	poder
yo					
tú					
él / ella / usted					
nosotros/-as					
vosotros/-as					
ellos / ellas / ustedes					

11 En la oficina de turismo.
Relaciona las preguntas con las respuestas correspondientes.

1. ¿Está cerca la catedral?
2. ¿A qué hora cierra el Museo Arqueológico?
3. ¿Cómo puedo ir al Castillo de Santa Bárbara?
4. ¿Dónde hay una farmacia por aquí?
5. ¿Dónde está la estación de tren?
6. ¿Dónde podemos pedir un plano de autobuses?
7. ¿Me puede recomendar un bar de tapas?
8. ¿Cuándo hay visitas guiadas por el centro?

a. En la oficina de turismo.
b. Sí, son sólo diez minutos a pie.
c. Hay una detrás del bar Paco.
d. A las ocho de la tarde.
e. A pie o en el autobús 54.
f. Dos veces al día, a las 11 y 15 h.
g. La Bodega, en la calle Luceros.
h. Está en el centro, a quince minutos de aquí.

12 Para ir a...
Completa el diálogo con las palabras adecuadas.

bajar (2x) | línea | parada | dirección | tomar | cambiar

- Perdone, ¿cómo puedo ir al Museo de Arte de Cataluña?
- Mire, puede ir en metro. Tiene que tomar la .... 5 en dirección a Cornellá hasta la parada Sants, que es donde está la estación de tren. Allí tiene que .... a la línea 3 en .... a Canyelles y .... en Plaza de España, son sólo dos paradas. Pero, a ver, un momento... Si quiere, también puede .... el autobús. Allí, delante del quiosco hay una .... Puede tomar el 50 o el 61 y .... en la Avenida del Estadio.

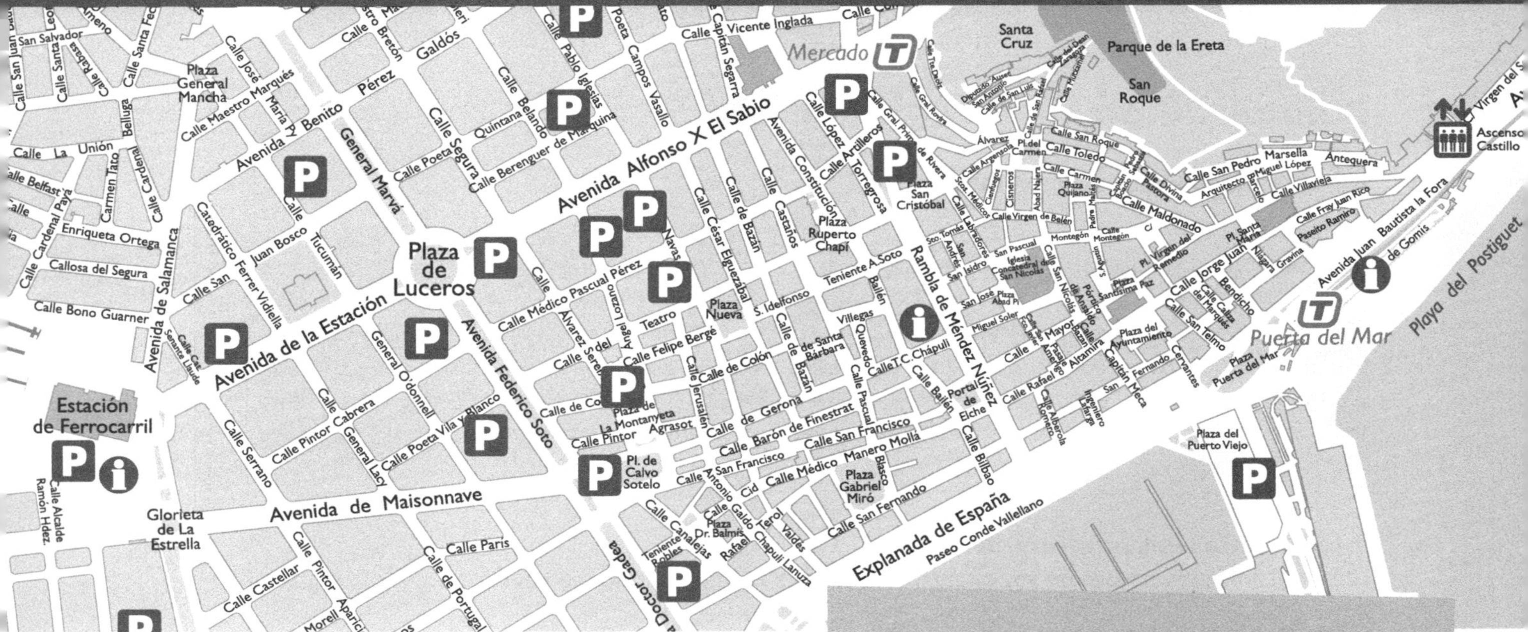

13 **a. ¿Cómo llego a tu casa?**
Virginia visita por primera vez a su amiga en Alicante. Sigue la descripción en el mapa y marca dónde vive su amiga.

Desde la estación, tomas la Avenida de la Estación. Sigues todo recto y cruzas una plaza grande que se llama Plaza de los Luceros. Desde la plaza giras a la derecha y tomas la Avenida Federico Soto. Desde allí giras en la segunda calle a la izquierda: es la calle del Teatro. Sigues hasta el número 33 y ya estás en mi casa. Está enfrente del aparcamiento.

b. Y ahora tú.
Delante de la oficina de turismo (i) en la calle Rambla de Méndez Núñez alguien le pregunta cómo llegar a la estación de trenes. Describe el camino usando el mapa.

14 **Preposiciones.**
Tacha las preposiciones incorrectas.

1. Yo soy a / de Toledo, pero vivo a / en Madrid.
2. De / Por la mañana voy a / en la universidad con / en autobús o a / en pie.
3. A / en las dos voy al / en el bar con mis compañeros y después voy en / a casa.
4. Una vez de / por semana voy al / en el cine y dos veces al / del año voy al / en el teatro.
5. Mañana voy a / en Madrid con / en tren a / en las cuatro de / por la tarde.
6. Para / por ir a / en la estación tengo que bajar a / en la segunda parada.

Mundo profesional

15 **Las direcciones.**
Lee las direcciones y completa la lista con las abreviaturas que se suelen usar en los sobres.

....	señor	*Pl.*	plaza
....	señora	*dcha.*	derecha
Sres.	señores	....	izquierda
....	avenida	....	número
....	calle	....	primero

Sra. Marcela Maldonado
Avda. Alvear 45
1653 Villa Ballester
Argentina

Sr. Plácido Gómez Rueda
C/ Alonso Cano, n° 17, 1° izda.
E-28010 Madrid

Pronunciar bien

16 a. La sílaba tónica de los verbos.

Ya has aprendido una serie de grupos verbales: verbos en **-ar**, **-er**, **-ir** y los verbos con cambio vocálico **e → ie, o → ue, e → i** y has visto que las terminaciones de los verbos de un grupo son iguales. Por ello es suficiente aprenderse los verbos que pertenecen al mismo grupo y así podrás conjugar muchos más.
Al concentrarnos en poner bien la terminación tendemos a hacerla tónica. Sin embargo, no es correcto porque sólo la 1ª y la 2ª persona de plural tienen la sílaba tónica desplazada. Recuerda que las sílabas que sufren un cambio vocálico se acentúan siempre, por ejemplo: *quiero*, *pruebo*, *siguen*.

b. Lee y marca la sílaba acentuada. ⏭ 42
Lee estas formas verbales en voz alta y marca la sílaba tónica. Verifica con el CD.

pido – pides – pide – pedimos – pedís – piden
puedo – puedes – puede – podemos – podéis – pueden
prefiero – prefieres – prefiere – preferimos – preferís – prefieren

Portfolio

Ya puedo...	☺	☺	☹
... dar información sobre una ciudad: Mi ciudad está en .... Hay	☐	☐	☐
... preguntar y decir dónde se encuentra algo: ¿.......... un hotel por aquí? – El hotel "Sol" .... en la plaza Colón.	☐	☐	☐
... pedir información en la oficina de turismo: ¿Sabe si ....? ¿Dónde se puede ....?	☐	☐	☐
... indicar el orden de algo: Primero, ...	☐	☐	☐
... describir el camino con medios de transporte: Voy en .... al trabajo. Tomas .... en dirección a	☐	☐	☐
... describir el camino: Giras ↱ .... Sigues ↑	☐	☐	☐

También puedo...	☺	☺	☹
... indicar los puntos cardinales:	☐	☐	☐
... decir los días de la semana: lunes, ...	☐	☐	☐
... describir la posición de algo:	☐	☐	☐
... decir con qué frecuencia se hace algo: una vez .... semana, dos veces .... año	☐	☐	☐
... conjugar el verbo ir y los verbos con cambio vocálico e → i: yo voy ...., yo sigo	☐	☐	☐

Comunicación

Describir una ciudad

En el Barrio de Santa Cruz hay muchos bares.
Hay cuadros de pintores famosos en el museo.
Sevilla es una ciudad con mucho ambiente.

Preguntar y decir dónde se encuentra una cosa

¿Dónde hay un restaurante por aquí?
La Bodega Santa Cruz está cerca de la Giralda.
¿Dónde está la tumba de Cristóbal Colón?

Pedir información

¿Dónde se pueden comprar sellos?
¿Tiene/n un plano de la ciudad?
¿Me puede recomendar un hotel barato?
¿Sabe si el Alcázar abre los lunes?
¿A qué hora cierra el Museo de Bellas Artes?
¿Cuánto cuesta una entrada para el concierto?
¿Hay visitas guiadas en la catedral?
¿De dónde sale el autobús para Triana?

Describir el camino

Coge/s / Toma/s la primera calle a la derecha.
Sigue/s todo recto (hasta el semáforo).
Cruza/s la plaza.
Gira/s a la derecha / a la izquierda.

Indicar el camino con medios de transporte

Coge/s / Toma/s el autobús (número 8).
Tiene/s que tomar la línea verde en dirección a...
Cambia/s en... / a la línea verde.
Baja/s en la próxima parada / estación.

Los días de la semana

lunes	viernes
martes	sábado
miércoles	domingo
jueves	

Medios de transporte

Vamos / Me gusta ir:
en avión.
en tren.
en coche.
en autobús.
en metro.
en bicicleta.
a pie.

El orden

primero
después
luego
al final

Expresar necesidad

Tengo que comprar sellos.
Tienes que coger/tomar el autobús.
Tiene que cruzar la plaza.

Gramática

El uso de hay y está/n

¿Dónde **hay** un restaurante típico?
Hay dos confiterías en la calle Sierpes.
En el Barrio de Santa Cruz **hay** muchos bares.

Cuando nos referimos a la existencia de una cosa o a la celebración de un evento que no sabemos si nuestro interlocutor conoce, usamos **hay**, por ejemplo delante de un artículo indefinido, números, **mucho** o **poco**.

¿Dónde **está** la oficina de turismo?
La bodega **está** cerca de la Giralda.
¿Dónde **están** los cuadros de Goya?

Cuando nos referimos a la ubicación de una cosa que creemos identificable o conocida por nuestro interlocutor usamos **estar**.

Adverbios de lugar

a la derecha (de)	detrás (de)	al lado (de)	entre
a la izquierda (de)	cerca (de)	enfrente (de)	aquí
delante (de)	lejos (de)	en	allí

La contracción de preposición y artículo

- Vamos **a la** Giralda.
  - ○ Está al lado **de la** catedral.
- ¿Para ir **al** Barrio de Santa Cruz?
  - ○ Está cerca **del** Alcázar.

a + el = **al**
de + el = **del**

Usos de a y en

Vamos **a** España.
Voy **al** teatro a las ocho.

Helma vive **en** Bogotá.
Va **en** autobús.

La dirección *(¿adónde?)* se indica con **a**, lugares *(¿dónde?)* y medios de transporte con **en**.

El verbo ir

	ir
yo	voy
tú	vas
él / ella / usted	va
nosotros/-as	vamos
vosotros/-as	vais
ellos / ellas / ustedes	van

La irregularidad e → i

seguir
sigo
sigues
sigue
seguimos
seguís
siguen

Otros verbos con esta irregularidad: **pedir**, **servir**.
En la 1ª persona de singular (sigo) desaparece la **u**. En las demás formas es necesaria para mantener la pronunciación de la **g** delante de **e** e **i** (como en **gu**itarra).

El placer de viajar 3

1 a. ¿Viaje cultural, vacaciones activas o de descanso?
¿Qué actividades asocias con un viaje cultural, vacaciones activas o vacaciones de descanso?

ver una iglesia | visitar museos | ir a la playa | ver una galería | pasear por el centro histórico | no hacer nada | hacer senderismo | subir a una montaña | tomar el sol | nadar | practicar deporte | ir a un concierto | leer mucho | ir en bicicleta

b. ¿Y tú qué prefieres en las vacaciones? Escribe algunas actividades.

En las vacaciones me gusta... Prefiero...

2 Reservar un hotel.
Lee las respuestas de la recepcionista y formula las preguntas del huésped.

- ¿...?
- Sí, tenemos una individual con baño.
- ¿...?
- No, es exterior, pero la calle es muy tranquila.
- ¿...?
- 90 euros.
- ¿...?
- No, lo siento, no está incluido en el precio.
- ¿...?
- Claro, está detrás del hotel.

3 a. Un hotel hermoso.
Añade las terminaciones.

Querido Manuel:
Estamos en Cartagena, una ciudad precios.......... El hotel es hermos.........., es una finca antigu.........., de la época colonial.......... Nuestr.......... habitación no es muy grand.........., pero está amueblad.......... con un gusto exquisit.......... Los muebles son tradicional.......... y en la mesa hay una cesta con frutas exótic.......... ¡Los mangos son delicios.......... aquí en Colombia! El baño es muy modern.......... y tenemos aire acondicionad.........., porque con este clima, ¡lo necesitas! También tenemos una terraza pequeñ.......... que da a un jardín tranquil.......... con árboles muy alt.......... Mañana vamos a ver el centro históric.........., que es muy famos..........
Un abrazo, Luisa

b. En casa y en las vacaciones.
En un hotel hay todas estas cosas. ¿Cuáles tienes también en tu casa? ¿Cuáles son imprescindibles para tus vacaciones? Subráyalas con colores diferentes.

silla | cuchillo | piscina | periódico | cama | tarjetas de visita | vaso | cuadros | cuchara | cocina | mesa | salón | comedor | garaje | minibar | ducha | baño | calefacción | aire acondicionado | terraza | sauna | jardín | dormitorio | aparcamiento | llave | tenedor | balcón | cafetería

4 En una agencia de viajes.
Tacha los pronombres incorrectos.

- ● Bien, señores. ¿Tienen ya alguna idea sobre el viaje? ¿Qué les / los gusta más, el mar o la montaña?
- ○ A nosotros me / nos encanta la montaña, claro.
- ■ ¿Cómo que "claro"? ¡Tú sabes que a mí no me / mí gusta nada la montaña! Y a los niños los / les gusta el mar.
- ○ ¡Qué dices! A Juan le / lo encanta caminar.
- ■ Sí, caminar se / le gusta mucho, pero por la playa.
- ○ Bueno, bueno, pero a Pablo y a mí me / nos encanta pasear por la montaña.
- ■ Pero Antonio. A Pablo sólo le / te interesa ir a la montaña con sus amigos…
- ● Ejem, señores Pérez. Quizá si miran primero estos catálogos de Mallorca…

5 En una empresa.
Añade los pronombres.

1. El nuevo programa informático .... encuentro muy difícil, ¿y tú?
2. A mí .... encanta trabajar con música, pero no es posible en la oficina.
3. A mi compañera y a mí no .... gusta mucho la nueva oficina.
4. ¿A ti no .... molesta el ruido de la calle para trabajar?
5. ¿No .... interesan a vosotros estas informaciones sobre la exportación?
6. El catálogo de otoño, ¿............ has visto ya?
7. A mi jefe sólo .... interesan los resultados de ese proyecto.
8. ¿Ya .... has dicho al jefe que quieres más dinero?

6 a. ¿De qué hablan? ⏭ 43
Escucha los diálogos y marca de lo que hablan.

- ☐ comer mucho ajo
- ☐ comprar un cuadro
- ☐ ir en avión
- ☐ hacer senderismo
- ☐ ir a la sauna
- ☐ probar un vino

b. ¿Gustos iguales o gustos diferentes?
Escucha los diálogos otra vez. ¿Las personas tienen los mismos gustos o gustos diferentes?

	= gustos iguales	≠ gustos diferentes
1.		
2.		
3.		
4.		
5.		
6.		

7 Reacciones.
Escribe dos posibles reacciones a estas frases.

1. A mí me encanta ir en bicicleta.
   ....
   ....
2. Tengo un trabajo muy interesante.
   ....
   ....
3. No me gusta comer carne.
   ....
   ....
4. Quiero pasar las vacaciones en casa.
   ....
   ....

8 Preguntas útiles.
Marca las palabras necesarias para completar las preguntas. Hay más de una solución.

1. ¿Dónde puedo alquilar...?
   - ☐ una bicicleta
   - ☐ un coche
   - ☐ una habitación
   - ☐ un chorizo
2. Quería por favor...
   - ☐ un billete
   - ☐ una semana
   - ☐ una ensaimada
   - ☐ una cama extra
3. ¿A qué hora sale el / la próximo/-a...?
   - ☐ moto
   - ☐ tren
   - ☐ autobús
   - ☐ avión
4. ¿Está incluido/-a...?
   - ☐ el camarero
   - ☐ el desayuno
   - ☐ la vuelta
   - ☐ la comida
5. ¿Me puede decir dónde hay un/a...?
   - ☐ parada de taxis
   - ☐ aire acondicionado
   - ☐ mercado
   - ☐ oficina de Correos
6. ¿Nos ponen... para nuestro hijo?
   - ☐ una cama
   - ☐ una cocina
   - ☐ una silla
   - ☐ una bicicleta

9 a. Un curso de español en Mallorca.
¿Cuáles son las ventajas de alojarse en un apartamento (a) o en casa de una familia (f)?

- ☐ Salgo cuando quiero, también por la noche.
- ☐ Traigo a mis compañeros a dormir.
- ☐ Cocinan para mí.
- ☐ No tengo que dar explicaciones si no quiero comer.
- ☐ Pongo la música que me gusta.
- ☐ Tengo que seguir las reglas de la casa.
- ☐ Puedo hablar con gente en las comidas.
- ☐ Tengo un contacto personal con la gente.

b. Y tú, ¿qué prefieres?

Prefiero vivir con una familia porque...

10 ¿Qué profesión tiene?
Lee este fragmento de entrevista y complétalo con las formas verbales.
¿Qué profesión tiene la persona entrevistada?

- Usted .... *(ser)* una persona muy famosa y además .... *(estar)* en un momento especial de su vida, ¿no?
- ○ Bueno. Sí, ... *(tener)* muchos proyectos muy interesantes y en este momento .... *(hacer)* una película con mi director favorito.
- Ah, qué bien... Y usted .... *(tener)* un hijo pequeño. ¿Cómo .... *(organizar)* su vida familiar?
- ○ Sí, David .... *(tener)* dos años, y cuando yo .... *(salir)* de viaje, ... *(estar)* con mi ex marido.
- Entonces ustedes .... *(tener)* una buena relación.
- ○ Sí, sí, excelente.

11 Experiencias.
¿Qué actividades has hecho alguna vez, varias veces o nunca?

bailar salsa | dormir en la playa | pasar las vacaciones en un hotel con animación | ir en moto | ir una semana de senderismo | comer ensaimadas | hacer una excursión por una isla | trabajar el domingo | escuchar un concierto al aire libre | reservar un hotel por internet | hacer un viaje organizado | ver un partido de fútbol en el estadio | tener problemas en un viaje | hablar español con un hispanohablante

Hee bailado salsa algunas veces.
Nunca he dormido en la playa.

12 a. Un viaje por Cuba.
Completa con el verbo en perfecto.

alquilar | conocer | escribir | estar | gustar | hacer (2x) | pensar | ser | ver

1. Josefina y Sonia .... en Cuba.
2. (Ellas) .... a muchas personas simpáticas.
3. El viaje .... muy bonito.
4. Josefina y Sonia .... un coche.
5. Y .... toda la isla.
6. Ellas .... muchas postales.
7. Y .... muchas fotos.
8. Les .... mucho el Ballet Nacional de Cuba.
9. Ellas .... un curso de tango.
10. Josefina .... mucho en su ex marido.

b. ¿Qué frases son correctas? ⏭ 44
Escucha la audición y marca las frases correctas.

13 **Completa este texto sobre La Habana.**

mucho | mucha | muchos | muchas | muy

Actualmente .... turistas van a Cuba porque hay ofertas .... buenas de .... agencias de viajes. .... gente visita en primer lugar la capital, La Habana, una ciudad .... alegre y llena de .... sorpresas.
En .... barrios de la ciudad hay por ejemplo .... casas que son ejemplos maravillosos de arquitectura colonial. La Habana tiene .... hoteles, además de .... museos y galerías de arte. El barrio de El Vedado es .... antiguo y para .... cubanos es el centro de la vida de la ciudad. Tiene .... tiendas y discotecas y también .... restaurantes y centros nocturnos. Otro lugar .... famoso es El Malecón. A los turistas les gusta .... pasear por esta avenida al lado del maravilloso mar Caribe.

14 **Elige la reacción adecuada.**

1. Me gusta.
2. Gracias.
3. Lo siento.
4. No me interesa.
5. ¿Algo más?
6. ¿Qué tal?

a. A mí tampoco.
b. No, gracias. ¿Cuánto es?
c. No pasa nada.
d. De nada.
e. Bien, ¿y tú?
f. A mí no.

15 **¿Qué dices para reclamar?**
¿Qué dices en estas situaciones? No te olvides de empezar con una fórmula de cortesía.

1. Tienes reservada una habitación con vistas al mar, pero te dan una con vistas a la calle.
2. Te dan un bocadillo de queso. Tú has pedido uno de jamón.
3. Has reservado tres entradas para el teatro. Te entregan dos.
4. Has alquilado un coche. El aire acondicionado no funciona.
5. Estás en un hotel y te quieres duchar, pero el agua caliente no funciona.

Mundo profesional

16 **Agenda de trabajo.**
Lee las anotaciones en la agenda del Sr. Ramírez y escribe lo que ya ha hecho y lo que todavía no.

Ya ha contestado el correo electrónico del día, pero todavía no...

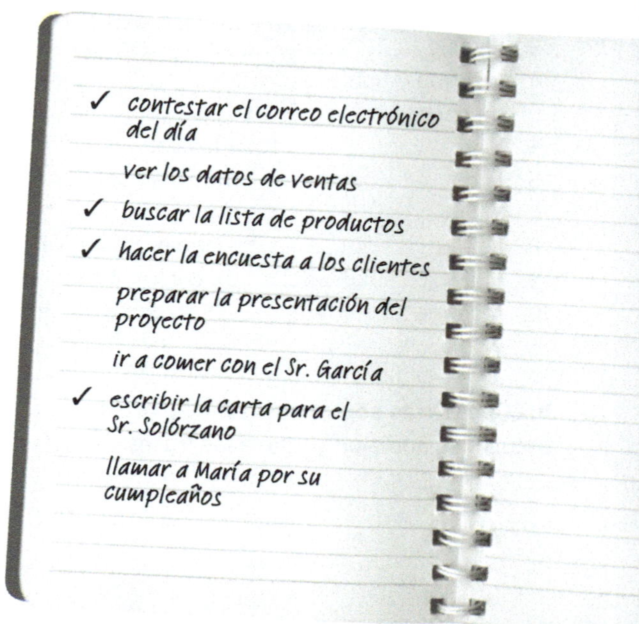

Pronunciar bien

17 a. /p/, /t/ y /k/.

En algunas lenguas, la pronunciación de los sonidos **/p/**, **/t/** y **/k/** es aspirada, es decir, se realizan con un ligero soplo de aire. En español, no. Pronuncia las palabras **papá**, **tomate** o **kilo** con la palma de la mano a 10 cm. de la boca. ¿Notas el soplo en la palma? intenta pronunciarlas sin que se note nada.

b. Lee y escucha estos trabalenguas. ⏭ 45
Lee y escucha estos trabalenguas.

Poquito a poquito Paquito empaca poquitas copitas en poquitos paquetes.

Compro pocas copas, pocas copas compro
y como compro pocas copas, pocas copas pago.

Que si patatín, que si patatán.

Portfolio

Ya puedo...	☺	☺	☹
... reservar una habitación de hotel: ¿Tienen ....?	☐	☐	☐
... expresar preferencias: A mí me gusta	☐	☐	☐
... expresar acuerdo y descuerdo: A mí no.	☐	☐	☐
... pedir información: ¿Dónde puedo ....?	☐	☐	☐
... contar algo en el pasado: Esta semana he ido	☐	☐	☐
... hacer una reclamación y disculparse: Perdone, ...	☐	☐	☐

También puedo...	☺	☺	☹
... usar los pronombres de objeto indirecto: A ellos no ...... interesa.	☐	☐	☐
... conjugar verbos irregulares en la primera persona: yo hago, ...	☐	☐	☐
... formar el perfecto: he estado, ...	☐	☐	☐
... diferenciar muy y mucho: .... gente .... simpática	☐	☐	☐

Comunicación

Reservar una habitación de hotel

Busco una habitación…
doble / individual / exterior / interior
con ducha / baño completo / balcón / vistas al mar
para tres noches / una semana

Pedir información

¿El precio es con desayuno incluido?
¿El hotel tiene garaje / piscina / aire acondicionado?
¿Dónde puedo alquilar un coche / una bicicleta?
¿A qué hora sale el próximo autobús para Bilbao?

Expresar acuerdo y desacuerdo

	Acuerdo
• Me encanta la playa.	○ A mí también.
• No me gustan los hoteles.	○ A mí tampoco.
• Viajo mucho.	○ Yo también.
• No fumo.	○ Yo tampoco.

	Desacuerdo
• Me encanta la playa.	■ A mí no.
• No me gustan los hoteles.	■ A mí sí.
• Viajo mucho.	■ Yo no.
• No fumo.	■ Yo sí.

Frecuencia

muchas veces
algunas veces
una vez
nunca

Marcadores temporales

hoy
esta mañana
esta semana
este mes / año

Reclamar

Oiga, por favor…
Mire, es que tengo un pequeño problema.
Tenemos un problema.

Disculparse

Disculpe.
Lo siento. Ha sido un error.
Perdone las molestias.

Aceptar disculpas

No pasa nada.
Está bien. Gracias.
Gracias. Muy amable.

Gramática

Pronombres de objeto indirecto

tónicos	átonos	
(A mí)	me	
(A ti)	te	gusta viajar.
(A él / ella / usted)	le	encantan los museos.
(A nosotros/-as)	nos	interesa Mallorca.
(A vosotros/-as)	os	molesta el ruido.
(A ellos / ellas / ustedes)	les	

Cuando queremos resaltar la persona usamos junto a **me, te, le**… también **a** + pronombre tónico. Sin embargo, los pronombres tónicos no pueden sustituir los átonos. Cuando el objeto está delante del verbo tiene que repetirse con un pronombre átono: **A mi madre le** gusta la playa.

Muy **y** mucho

mucho/-a/-os/-as	muy / mucho
much**o** tráfico	Es una casa **muy** bonita.
much**a** gente	Aquí se vive **muy** bien.
much**os** problemas	Me interesa **mucho**.
much**as** ideas	Vamos **mucho** a la playa.

Mucho/-a concuerda en número y género con el sustantivo.
Muy acompaña adjetivos y adverbios.
Mucho va detrás del verbo o va solo y es invariable:
¿Te gusta la montaña? -Sí, **mucho**.

Verbos irregulares con -g- en la primera persona

hacer	poner	salir	traer	decir	venir
hago	**pongo**	**salgo**	**traigo**	**digo**	**vengo**
haces	pones	sales	traes	d**i**ces	v**ie**nes
hace	pone	sale	trae	d**i**ce	v**ie**ne
hacemos	ponemos	salimos	traemos	decimos	venimos
hacéis	ponéis	salís	traéis	decís	venís
hacen	ponen	salen	traen	d**i**cen	v**ie**nen

El pretérito perfecto

haber	participio
he	
has	visit**ado**
ha	com**ido**
hemos	viv**ido**
habéis	
han	

Las formas de **haber** van siempre delante del participo:
Yo no lo **he dicho**.
Se usa el pretérito perfecto

- para hablar de acciones dentro de un periodo de tiempo que todavía no está cerrado, a menudo en relación con **hoy, esta semana, este año.**
- para hablar de acciones sucedidas en un momento que no es relevante, por ejemplo con **alguna vez, todavía no, ya, muchas veces, (no)… nunca.**

Participios irregulares

hacer	decir	poner	ver	ir
hecho	dicho	puesto	visto	ido

ser	abrir	escribir	volver
sido	abierto	escrito	vuelto

Mirador 4

1 Vocabulario y estructuras gramaticales.

Lee el email y marca la palabra correcta.

Querido Matías:

Por fin ya [1] en Burgos. El viaje ha sido muy largo, porque desde el aeropuerto de Madrid [2] ido a Burgos [3] autobús.
La residencia está muy bien y para comer no hay problema porque al lado [4] un bar, pero también [5] ir al centro en diez minutos [6] pie.
Ya sabes que [7] interesa [8] la historia, por eso el domingo [9] hacer una excursión al Monasterio de las Huelgas.
Otros estudiantes están aquí desde el jueves y [10] han visitado algunos monumentos.

¡Hasta pronto! Sven

1. ☐ estoy ☐ soy
2. ☐ ha ☐ he
3. ☐ en ☐ con
4. ☐ está ☐ hay
5. ☐ se puede ☐ se puedo
6. ☐ a ☐ en
7. ☐ se ☐ me
8. ☐ muy ☐ mucho
9. ☐ quiero ☐ tengo
10. ☐ todavía ☐ ya

2 Comprensión auditiva. ⏭ 46 – 49

Comprensión auditiva. Lee primero las frases y luego escucha cada texto dos veces. Marca si las frases son correctas (+) o incorrectas (-).

1. Situación:
   Estás en el aeropuerto y quieres tomar el avión para ir a París. Escucha lo que dicen:
   ☐ Usted tiene que ir a la puerta C58.
2. Situación:
   Preguntas cómo puedes ir a la catedral. Escucha lo que le dicen:
   ☐ No está lejos, puede ir a pie.
3. Situación:
   Preguntas en un hotel por el desayuno. Escucha lo que le dicen:
   ☐ El desayuno se puede tomar en la cafetería.
4. Situación:
   Preguntas en un restaurante cómo son las albóndigas. Escucha lo que le dicen:
   ☐ Las albóndigas de la casa no llevan mucho ajo.

3 Respuestas adecuadas. ⏭ 50

Lee primero las respuestas de a-e y escucha las preguntas 1-4 dos veces. Relaciona cada pregunta con la respuesta adecuada.

1. ☐
2. ☐
3. ☐
4. ☐

a. No pasa nada.
b. A mí tampoco.
c. A mí no.
d. Yo también.
e. No, eso es todo.

4 Comprensión lectora.

Lee primero el texto y las tres frases y luego marca si las frases son correctas (+) o incorrectas (-).

1. ☐ Todos los estudiantes de español visitan el domingo el monasterio.
2. ☐ Hay un precio especial para grupos.
3. ☐ La visita normal cuesta cinco euros.

Queridos estudiantes:

Este domingo ofrecemos una excursión al Monasterio de las Huelgas y todavía hay plazas libres. El autobús sale a las 9.30 de la puerta de la universidad. Si somos un grupo de más de veinte, la entrada cuesta sólo cinco euros con el carnet de estudiante. Si no, la entrada cuesta siete euros.

¡Hasta mañana!

Los profesores
Ana Rodríguez y Enrique Cuesta

5 Expresión escrita.

A un amigo le interesa hacer un curso de español. Ayúdale con el email.

Quiere saber…
- cuándo empieza el curso por la mañana
- si ofrecen excursiones
- si hay habitaciones individuales

Estimados señores:

Me llamo Gabriel Lindberg y me interesan los cursos de español de su universidad, pero tengo algunas preguntas. Primero...

....
....
....
....
....
....
....
....
....
....
....
....